Alejandro Cervilla García

ESTRUCTURAS VISTAS, OCULTAS E ILUSORIAS
Lecciones de la Historia en la obra de Mies van der Rohe

Segunda edición, corregida y aumentada

Cervilla García, Alejandro

Estructuras vistas, ocultas e ilusorias : lecciones de la historia en la obra de Mies van der Rohe / Alejandro Cervilla García . - 2a ed . - Ciudad Autónoma de Buenos Aires : Diseño, 2020.
266 p. ; 21 x 15 cm. - (Textos de arquitectura y diseño)

ISBN 978-1-64360-344-5

1. Arquitectura. 2. Historia de la Arquitectura. 3. Investigación. I. Título. CDD 720.9

Textos de Arquitectura y Diseño

Director de la Colección:
Marcelo Camerlo, Arquitecto

Diseño de Tapa:
Liliana Foguelman

Diseño gráfico:
Cecilia Ricci

Hecho el depósito que marca la ley 11.723

La reproducción total o parcial de esta publicación, no autorizada por los editores, viola derechos reservados; cualquier utilización debe ser previamente solicitada.

© de los textos, Alejandro Cervilla García
alejandro_cervilla@hotmail.com

© de las imágenes, sus autores
© 2020 de la edición, Diseño Editorial

ISBN: 978-1-64360-344-5
ISBN EBOOK: 978-1-64360-360-5

Septiembre de 2020

Alejandro Cervilla García

ESTRUCTURAS VISTAS, OCULTAS E ILUSORIAS
Lecciones de la Historia en la obra de Mies van der Rohe

Segunda edición, corregida y aumentada

diseño

ESTRUCTURAS VISTAS, OCULTAS E ILUSORIAS

Lecciones de la Historia en la obra de Mies van der Rohe

"Pero, ¿quién es tan ciego que vacile en atribuir al divino poder y disposición el orden racional de los movimientos de los cuerpos, tan fuera del alcance y posibilidad de la voluntad humana? A no ser que se atribuya a la casualidad la maravillosa y sutil estructura de los miembros de los más minúsculos animales".

(San Agustín, *El Orden*)

Índice

8		ESTRUCTURA, ESTRUCTURAE
		Alberto Campo Baeza
12		AMBIENTES DE CONSCIENCIA
		Alberto Morell Sixto
14		NOTA A LA SEGUNDA EDICIÓN
18		INTRODUCCIÓN
19		La belleza de la estructura
22		Disponer los pesos en el aire
27		Mecánica estructural y poética estructural
32		EL LENGUAJE DE LA ESTRUCTURA EN LA HISTORIA
33		La estructura vista
52		La estructura oculta
75		La estructura ilusoria
96		LA POÉTICA ESTRUCTURAL DE MIES VAN DER ROHE
98		Breve historia de cómo Mies descubrió la estructura
129		La estructura como ornamento
159		Las estructuras ilusorias de Mies
184		ADENDAS Y CONCLUSIÓN
185		La columna adecuada
199		Las cien columnas de Mies
215		Conclusión: El arte de la estructura
220		NOTAS
240		CRÉDITOS DE LAS IMÁGENES
244		CITAS SOBRE LA ESTRUCTURA
254		BIBLIOGRAFÍA

ESTRUCTURA, ESTRUCTURAE

Alberto Campo Baeza

Yo no sé si se declinará en latín el término estructura, como se declina *rosa rosae*, de la primera declinación. Pero sí sé que habría que poner a muchos arquitectos a declinar la estructura de sus obras. Y esto, dejar clara la importancia de la estructura en arquitectura, es lo que se propone Alejandro Cervilla con este libro.

Muy pocas veces se prologa un libro que le hubiera gustado a uno escribir. Como muy pocas veces a uno le gustaría haber firmado una obra que no es suya. Pues este libro, como profesor y como arquitecto, es un libro que me hubiera gustado escribir a mí. Para transmitir a mis alumnos, con la claridad meridiana que lo hace Alejandro Cervilla, lo más central en cuanto a las estructuras, en arquitectura, se refiere.

Se nota que es un libro sobre Estructuras, escrito por un profesor de Proyectos. Siempre he dicho que es imposible desligar la Estructura del Proyecto, de la obra de arquitectura. Siempre recuerdo cómo Sota nos explicaba esto de manera muy sencilla *"¿Imaginan ustedes que cuando una mujer tiene a su hijo recién nacido en brazos descubriera que se ha olvidado el esqueleto y que tienen que abrir al recién nacido en canal para colocarle la estructura? Pues lo mismo en una obra de arquitectura".*

Se explica muy bien en este libro cómo la estructura establece el orden del espacio. Y todo el libro es un dar razones claras de esto. Y nos hace sencilla, comprensible, la estructura de las obras maestras de la arquitectura a lo largo de la Historia. En el texto original, para acentuar más esa sencillez, el autor dibujaba y calculaba a mano cada uno de los edificios más importantes de la Historia de la Arquitectura, para hacer patente cuán sencillo es este tema.

Escribe su autor que, cuando la estructura está en pie, *"éste es uno de los más hermosos momentos en la vida de un edificio",* y no puedo más que estar de acuerdo con él. Y suscribo el canto que hace de las estructuras de la naturaleza, desde la del árbol al esqueleto humano. Porque al igual que el cuerpo humano es tanto más hermoso cuanto más hermoso es el esqueleto, así la arquitectura.

El mecanismo de análisis que Alejandro Cervilla utiliza, distinguiendo entre estructuras a la vista, estructuras ocultas y estructuras ilusorias, se manifiesta como de una gran eficacia para entender a fondo este tema tan central de la estructura en la arquitectura. Y esto lo hace con algunos edificios históricos antiguos y con otros de Mies Van der Rohe. Pedagógicamente impecable.

En definitiva es un libro más que recomendable, imprescindible, tanto para estudiantes como para los mismos arquitectos, especialmente para los docentes. Para hacerles comprender que, como bien dice su autor: *"la estructura es algo más, mucho más, que sólo transmisión de las cargas".*

AMBIENTES DE CONSCIENCIA

Alberto Morell

Un lenguaje comienza con la separación de las palabras, cada una un concepto. De la unión y relación entre ellas, siguiendo unas determinadas leyes, surgen las historias y la transmisión de los conocimientos. Cada uno es responsable de la historia que quiere comunicar y para ello elige las palabras de la mejor manera posible. En este *lenguaje de la estructura* que nos presenta Alejandro Cervilla, se presentan tres categorías de estructura en la arquitectura: vista, oculta e ilusoria. Podrían ser más o menos, pero lo interesante es el conocimiento de Arquitectura que permite la relación de estas categorías, un conocimiento que mezcla poesía y ciencia, conceptos y cálculos, de manera ejemplar. Así, al final, descubrimos que *lo visto* que quiere mostrarse como real, finge; que *lo oculto* se expresa a través del orden, es por tanto equivalente a *lo visto*; y que *lo ilusorio,* mantiene algo *oculto* y sugerente, pero manifiesta también, en un segundo plano, *lo visto*. No defendamos que la estructura vista es verdadera en cuanto a su necesidad mecánica, porque gracias a esta investigación, sabemos que está sobredimensionada o sobre-expresada. Lo que quiere, por ejemplo, manifestar el pilar de la Galería Nacional de Berlín, es generar la Consciencia de la gravedad, de la conexión con las raíces de la tierra, a través de la expresión, del ensanchamiento de la base del pilar. El Partenón, otro ejemplo, quiere manifestar la Consciencia de un espacio apretado, intermedio y sagrado, como si fuera un muro agrietado que nace en continuidad con la roca sagrada –por eso se sobredimensionan sus columnas-. Todo ello, nos lleva a pensar que el sentido íntimo de la arquitectura es generar *ambientes de Consciencia,* ambientes que nos lleven a la mejor comprensión de nuestra existencia, que solamente es posible con nuestra presencia, en el presente del encuentro del hombre con el espacio. Como diría Sota, *un desaliñado no puede entrar en el Pabellón de Barcelona,* haciendo claramente alusión al ambiente que rodea al visitante para hacerle Consciente del significado oficial y simbólico del edificio. Hay que agradecer profundamente a Alejandro Cervilla la presentación de un lenguaje en el que el lector podrá aprender y ampliar, por sí mismo, la Consciencia de lo que verdaderamente es importante en la Arquitectura.

Madrid, a 27 de Diciembre de 2016

NOTA A LA SEGUNDA EDICIÓN

En enero de 2017 salió a la luz la primera edición de este libro, muy cuidada, como parte de la prestigiosa Colección Textos de Arquitectura y Diseño que dirige el arquitecto Marcelo Camerlo. A los pocos meses, la tesis doctoral en la que se basa este libro, "El Lenguaje de la Estructura", recibió el Premio Extraordinario de Doctorado de la Universidad Politécnica de Madrid. Y poco tiempo después, el libro fue premiado en la XIV Bienal Española de Arquitectura y Urbanismo, y formó parte de una exposición itinerante que ha pasado por Santander, Madrid, Sevilla, París y Nueva York.

Todo esto me ha animado a preparar esta segunda edición, corregida y aumentada, en la que se ha quitado lo redundante, y se han añadido más explicaciones, dibujos y notas. Espero que, con esta segunda edición, el libro pueda llegar con más precisión y rigor a todos los estudiantes, historiadores, ingenieros, arquitectos y curiosos que se interesan por lo esencial de este arte.

Recuerdo que, en 2008, cuando iniciaba mi tesis doctoral, no tenía muy claro lo que daría de sí, más allá de que trataría sobre las estructuras de Mies van der Rohe. Entonces no podía saber mucho más. Algunos me dijeron que Mies ya estaba demasiado investigado. Que no había lugar para más estudios sobre Mies. Otros me dijeron que ese tema no lo podía investigar, porque ya lo habían hecho ellos. Pero un tema de investigación, si es universal, no se agota. Y tanto Mies, por su manera de hacer, como el modo en que la Arquitectura vence a la Gravedad, son temas universales. Podemos volver a ellos una y otra vez. Podemos seguir aprendiendo de ellos desde el espíritu de nuestra época.

Vivimos en unos tiempos en los que impera lo relativo y lo anecdótico, lo efímero y lo banal. Aunque en realidad no es algo nuevo. Ya se han vivido épocas similares en momentos anteriores de la historia. Quisiera animar a todos los que lean este libro a trabajar sobre ideas universales y, por tanto, atemporales. Se darán cuenta de que no estamos hechos para vivir lo efímero sino lo eterno. Nada mejor que, como Mies, seguir los pasos de los grandes maestros de la historia.

No quisiera terminar sin dar las gracias a todos los que han hecho posible este libro y lo han apoyado. Cervantes, en boca de don Quijote de la

Mancha, nos dice: *"De gente bien nacida es agradecer los beneficios que reciben, y uno de los pecados que más a Dios ofende es la ingratitud...; que es hija de la soberbia y uno de los mayores pecados que se sabe, y la persona que es agradecida a los que bien le han hecho, da indicio que también lo será a Dios, que tantos bienes le hizo y de continuo le hace".*

Yo quisiera dar las gracias en primer lugar a mis directores de tesis; a mi maestro, Alberto Campo Baeza, y a Alberto Morell Sixto. A mis profesores de Historia; Doña Dolores Aceituno, el Hermano Paulino Álvarez López y Juan Calatrava. A mi profesor de Estructuras, Amadeo Benavent Climent. A mi profesor de Proyectos, Luis Ibáñez. A mis profesores de doctorado; Antón Capitel, Juana Sánchez González y Félix Ruiz de la Puerta. Al Archivo Bauhaus de Berlín, al Patronato de la Alhambra, a la Fundación Mies van der Rohe de Barcelona, al Archivo del MoMA de Nueva York, al IIT de Chicago y a la Mies van der Rohe Society de Chicago. A Ignacio Aguirre López y Andrés Rubio. Al tribunal de mi tesis doctoral: Alejandro Gómez García, Alejandro Vírseda Aizpún, María Concepción Pérez Gutiérrez, José Jaráiz Pérez, Raúl Martínez Martínez, Pablo Millán y Patricia Liñares. A todo el equipo de la Editorial Diseño. A José Antonio Flores Soto y a Juan Diego López Arquillo, que hicieron generosas reseñas de la primera edición. A los editores de las revistas Zarch, Architectus y Arquisur. A Pilar Sañudo, arquitecta y especialista en estructuras, que me ayudó con el análisis de la Casa Farnsworth. A Álvaro y a Gabriel. A mi hermana Pilar. A mi hermana Esperanza, historiadora, que me ayudó con la tesis y con esta reedición. Y a mi madre. A sus sacrificios para que pudiera ser arquitecto y para que pudiera hacer la Tesis. A los valores que me ha transmitido. Y a su amor por la verdad que tan infatigablemente nos ha inculcado. A ella va dedicado este libro. GRACIAS.

Alejandro Cervilla García
Arquitecto
Madrid, 15 de agosto de 2020

INTRODUCCIÓN

LA BELLEZA DE LA ESTRUCTURA

Este libro parte de un principio muy claro: la Belleza de la Estructura.

Un edificio en construcción con la estructura puesta en pie, limpia, ordenada, sin cerramientos, es una hermosa escultura. De hecho, éste es uno de los más hermosos momentos en la vida de un edificio. Cuando su esqueleto está a la vista, sin nada más. Cuando la estructura y la gravedad son protagonistas.

Y es que la belleza de las estructuras desnudas, sin revestir, es una idea universal de la Arquitectura. No hay más que echar un vistazo a las estructuras que encontramos en la naturaleza; los árboles, las estructuras de los seres vivos, el esqueleto humano. O a las racionales estructuras de los ingenieros; los puentes, las torres de electricidad, las catenarias, las torres de telecomunicaciones, las estructuras de riego, los acueductos, las naves industriales, los invernaderos, los depósitos de agua, las herramientas y las chimeneas de las centrales eléctricas (fig. 1, 2, 3).

Estas estructuras se adecúan a un fin muy claro. Son muy radicales. Y además, se han liberado de las cargas muertas a las que se tiene que enfrentar la arquitectura: cerramientos, particiones, carpinterías, sola-

Figura 1. Estructura de la mano   Figura 2. Estructura de un árbol

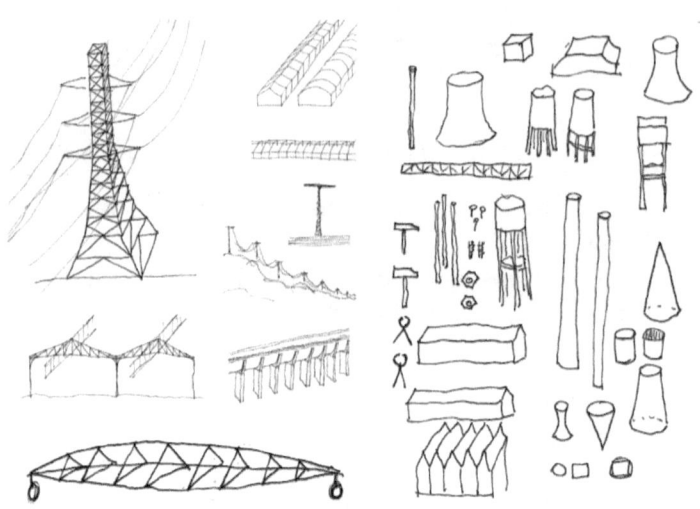

Figura 3. Estructuras de ingenieros

dos, techos, aislamientos, impermeabilizaciones. No tienen que configurar un espacio habitable para el hombre. Son estructuras "sólo estructura". Y por eso están tan cerca de esa belleza, tan real como difícil de explicar con palabras.

La belleza de la estructura va más allá de lo que pertenece a la lógica o a la razón. La forma de la columna es algo que pertenece a la lógica de la estructura, a la mecánica estructural. Pero el hecho de que los arquitectos de la Grecia Clásica decidieran colocar una hilera de columnas alrededor de sus templos, y que los peristilos se convirtieran en la imagen de su Arquitectura, es algo que no pertenece a la lógica de la estructura, sino al Arte de la Estructura. Y si los griegos hicieron esto, fue en busca de la Belleza. Trascendieron la estructura y la elevaron a la categoría de Arte. Pusieron la estructura a la vista.

Arthur Schopenhauer nos habla de la Belleza de la Estructura [1]. En sus *Lecciones sobre Metafísica de lo Bello*, nos dice que *"el tema propiamente estético de la bella arquitectura es la lucha entre el peso y la rigidez*

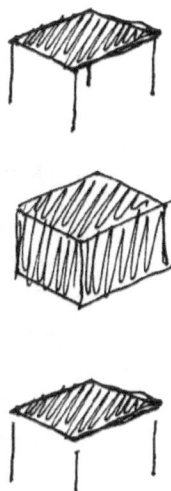

Figura 4. Estructura vista, oculta e ilusoria

(der Kampf zwischen Schwere und Starkheit). De hecho, éste es el único tema estético que la caracteriza exclusivamente, puesto que, en cualquiera de sus manifestaciones, su misión es precisamente poner de manifiesto con toda claridad y de múltiples maneras la lucha mencionada." Es decir, la Estructura distingue a la Arquitectura del resto de las Artes, y poner de manifiesto la Estructura es la misión principal de toda Arquitectura que quiera aspirar a la Belleza.

En este libro querríamos estudiar la manera en la que el arquitecto configura la estructura. Querríamos ver la relación entre la estructura y lo que la envuelve. Querríamos estudiar la manera en la que la Estructura se manifiesta en la Arquitectura (fig. 4).

Cuándo y por qué la estructura se deja a la vista.

Cuándo y por qué la estructura se oculta.

Cuándo y por qué la estructura se emplea como efecto ilusorio, bien de la Gravedad, bien del Espacio.

DISPONER LOS PESOS EN EL AIRE

La palabra Estructura viene del latín, *structura*, que significa construcción, fábrica, arreglo, disposición. El término deriva del verbo *struere*, que significa amontonar, construir [1].

En la Real Academia Española de la Lengua hay dos acepciones de la palabra Estructura [2]. Por un lado, la estructura es la distribución y orden de las partes de un edificio, un cuerpo, o una obra. Y específicamente para la arquitectura, se entiende por estructura la armadura que fija al suelo y sirve de sustentación a un edificio. Por otro lado está el término estructurar, que significa articular, distribuir, ordenar las partes de un conjunto.

Si buscamos verbos afines, encontramos nuevas definiciones.

Apoyar: del italiano *appoggiare*, derivado del latín *podium*. Establecer algo sobre un podio.

Fundar: del latín, *fundare*, que viene de *fundus*, hondo. *Fundare* significa poner los fundamentos, profundizar.

Sostener: del latín, *sustinere*. Tener desde abajo. Asir, mantener, retener.

Sustentar: del latín, *sustentare*. Sujetar, tener desde abajo.

Soportar: del latín, *supportare*. Llevar sobre sí una carga.

Si nos atenemos a estas definiciones, vemos que con relación a la estructura existen dos ideas claras, la idea de sustentación, y la idea de orden o disposición. La Estructura sustenta y da orden a la Arquitectura.

Sustentación

La estructura, en su esencia, no hace otra cosa que disponer en el aire los pesos de la arquitectura [3]. Sin ese sustento la arquitectura no podría tener lugar. No podría ponerse en pie, se caería. Es un factor invariable de la arquitectura.

A la estructura le pedimos resistencia a las cargas, rigidez para deformarse dentro de unos límites aceptables y estabilidad dentro del orden general. Le pedimos que resista las fuerzas externas; el viento, el terremoto, las que provocan la dilatación y retracción de los materiales por el frío y el calor. También le pedimos que resista los esfuerzos gravitatorios. Que sea capaz de soportar su propio peso. Y que sea capaz de soportar los pesos que colocamos sobre ella.

Convengamos en que hay algo de misterio en todo esto. ¿No es milagrosa una columna que, pesando alrededor de una tonelada, puede resistir cien toneladas o incluso más? ¿Podría un hombre sostener el peso de cien hombres? ¿No hay algo de milagroso en la enorme resistencia que pueden alcanzar algunos materiales?

Ligada a la idea de la sustentación está la idea de la permanencia. A la estructura le pedimos que la resistencia, el equilibrio y la estabilidad se prolonguen en el tiempo. Como dice Eduardo Torroja [4], *"la función de la Estructura es conservar la Forma"*. Permanecer. El deseo de permanencia o duración al que todos nos vemos irremediablemente unidos.

Sólo gracias a la estructura permanece en el tiempo la arquitectura. Y nos estamos refiriendo a una permanencia física. Es la estructura lo que hace que la arquitectura perdure. Lo primero que se construye. Y lo último que queda en pie, en las ruinas. Hay dos momentos de extraordinaria belleza en un edificio. Cuando se construye, y queda toda su estructura en el aire, y cuando una vez destruido, queda sólo su ruina en pie. Los dos momentos están ligados a la estructura y al tiempo. A su principio y a su fin.

Orden

La estructura, por otro lado, *ordena la arquitectura. Como dice Alberto Campo Baeza [5], "la estructura establece el orden del espacio"*. Desde el punto de vista de la mecánica, la estructura se configura como un camino para las cargas. La estructura materializa el diagrama de fuerzas verticales y horizontales a las que opone su resistencia. Y es que la estructura no es otra cosa que la materialización de la resistencia a esas fuerzas.

De alguna manera, hacer arquitectura, construirla, es ir poniendo una sobre otra, tonelada a tonelada de Materia. Se podría decir que la arquitectura, en esencia, dispone los pesos en el aire. Que el arquitecto, a medida que va disponiendo los cimientos, las columnas, los muros y los forjados, construye diagramas de fuerzas en el espacio.

La estructura resiste y transmite las fuerzas a la tierra. Es un camino para las fuerzas. Del aire a la tierra. Es el camino que utilizan los constructores para ir avanzando en su construcción. Por eso la construcción de toda arquitectura comienza por la estructura. Primero la cimentación. De los cimientos nacen los elementos verticales, y sobre estos apoyan los elementos horizontales, que sirven para pisar y para cubrir. La arquitectura se construye en sentido contrario a la fuerza de la gravedad. La gravedad hacia abajo. La arquitectura hacia arriba. Son ideas opuestas y complementarias. Tan complementarias, que no se puede entender la arquitectura sin la gravedad.

Un buen ejemplo son las dos esculturas, *"Destrucción y Construcción"*, expuestas en la cripta de la *Frauenkirche* de Dresde (fig. 5 y 6). Las dos esculturas se componen del mismo número de bloques de granito, desordenados en un caso, y con un orden geométrico claro en el otro. En la primera escultura hay desorden, no hay una relación geométrica clara. Si tuviéramos que desmontarla para exponerla en otro lugar, sería difícil volver a montarla exactamente con la misma posición. En la otra escultura hay orden, una forma racional que puede transmitirse de un hombre a otro mediante un dibujo sencillo. Ese orden formal es el que establece la estructura.

Figura 5. Destrucción.
Frauenkirche, Dresde

Figura 6. Construcción.
Frauenkirche, Dresde

Lenguaje

No podemos negar que la Arquitectura, como cualquier creación del hombre, como cualquier labor creadora, aún en silencio, habla, canta. Así lo expresa con palabras poéticas Paul Valery [6].

> "¿No has observado al pasear esta ciudad que de entre los edificios que la pueblan algunos son mudos; que otros hablan; y que otros en fin, los más raros, cantan? No es el destino que se les dé, ni siquiera su aspecto general, lo que a tal punto los anima o los reduce al silencio: es algo que atañe al talento de su constructor, o al favor de las Musas."

El lenguaje del que estamos hablando, es un lenguaje que entra por los ojos. Y es que como bien dice Rousseau [7], *"se habla a los ojos mucho mejor que a los oídos"*.

Toda labor creadora tiene por objeto, en palabras de Aristóteles [8], *"traer a la existencia un objeto"*, o en palabras de Martin Heidegger [9], *"un desocultamiento de un ser que está oculto"*. Lo que no es todavía, por mediación del arte, pasa a ser. Lo que está oculto, por mediación del arte, pasa a desocultarse, a mostrarse. Lo que estaba en silencio, se manifiesta. El arte hace visibles los conceptos.

Pues de la misma manera la Estructura también habla, calla o finge. Y así encontramos tres categorías en el Lenguaje de la Estructura

- Estructuras vistas.

- Estructuras ocultas.

- Estructuras ilusorias.

MECÁNICA ESTRUCTURAL Y POÉTICA ESTRUCTURAL

Antes de ver las diferentes maneras de expresión de una estructura, vamos a recordar, de la mano de Félix Cardellach [1], cómo trabaja una estructura, y qué relación hay entre la forma de trabajo de una estructura y su apariencia.

La manera en la que trabaja la estructura depende en esencia de cómo se dispone la estructura frente al esfuerzo. De su forma.

Una estructura puede trabajar básicamente de cinco modos. A compresión, a tracción, a flexión, a torsión y a cortadura (fig. 7).

Decimos que un cuerpo está trabajando a compresión cuando está sometido a la acción de dos fuerzas opuestas que tienden a disminuir su volumen.

Decimos que un cuerpo está trabajando a tracción cuando está sometido a la acción de dos fuerzas opuestas que tienden a alargarlo.

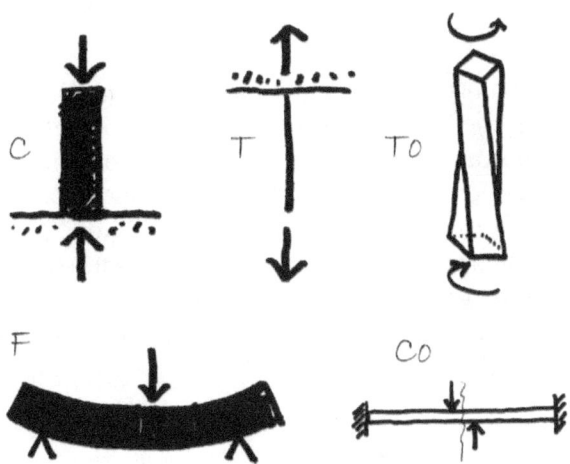

Figura 7. Compresión, Tracción, Flexión, Torsión y Cortadura

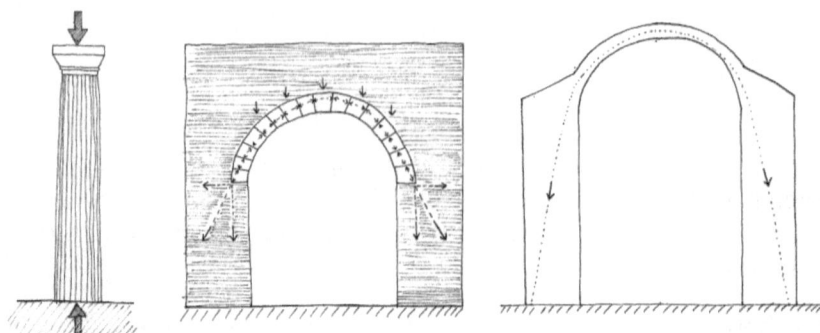

Figura 8. Formas de la compresión

La flexión es la curvatura que experimenta un sólido elástico por la acción de una fuerza perpendicular a su directriz.

Un cuerpo a torsión está sometido a la acción de fuerzas opuestas que tienden a retorcerlo en forma helicoidal.

Y por último, la cizalla o esfuerzo de cortadura, tiene que ver con el recortar o desgarrar.

En resumen, la compresión tiene que ver con la idea de apretar; la tracción se relaciona con la idea de estirar; la flexión es el doblar; la torsión, el retorcer; y la cortadura, el recortar. Y siguiendo este razonamiento, los tipos estructurales propios de la compresión, como la columna, el muro, el arco y la bóveda, resisten ese "apretar" (fig. 8). Los tipos estructurales propios de la tracción, como el cable, la catenaria, la cadena y el puente colgante, resisten ese "estirar o alargar" (fig. 9). Y los tipos estructurales propios de la flexión, como la viga o la losa, se oponen a ser doblados (fig. 10).

Compresión, tracción y flexión son los principales tipos de esfuerzos, capaces de determinar por sí solos una tipología arquitectónica o un elemento estructural esencial. Pero por encima de la razón mecánica de

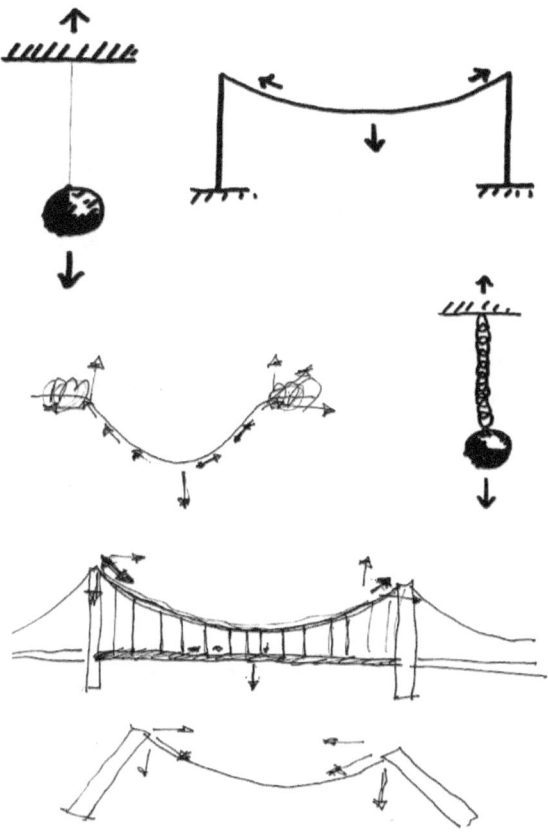

Figura 9. Formas de la tracción

una estructura, está su razón poética. Si hay algo capaz de vencer a la mecánica de una estructura, es la poética.

Vamos a ver cómo los arquitectos, a lo largo de la Historia, han configurado sus estructuras con estricta sujeción a la Ley de la Gravedad, pero con algo más, que no se puede explicar sólo con arreglo a la mecánica estructural.

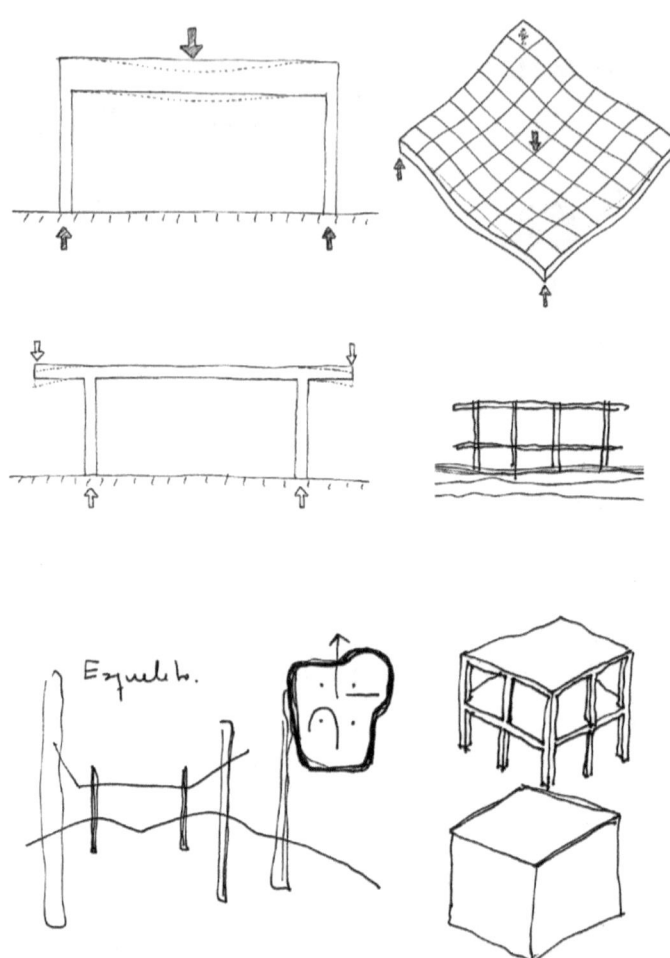

Figura 10. Formas de la flexión

EL LENGUAJE DE LA
ESTRUCTURA EN LA HISTORIA

LA ESTRUCTURA VISTA

El Partenón

Viollet le Duc dice que *"la arquitectura griega es como un cuerpo desnudo, cuyas formas visibles están claramente relacionadas con la estructura"* [1]. Y es verdad. De hecho, en el Neoclasicismo, la Arquitectura de la Grecia Clásica fue considerada por los racionalistas estructurales el canon de la verdad estructural que había que volver a recuperar [2].

Lo más destacado en la Arquitectura del Templo griego es el peristilo, la hilera de columnas que rodea a la nave, y aquí querría insistir en que la idea del peristilo griego parte de una libre elección del arquitecto. Ya hemos visto cómo la forma de la columna tiene que ver con la lógica de la estructura, con su mecánica. Pero que los arquitectos griegos decidieran colocar una hilera de columnas alrededor de sus templos, y que los peristilos se convirtieran en la imagen de su arquitectura, es algo que no pertenece a la lógica de la estructura, sino al arte de la estructura. El arquitecto no puede olvidarse de la mecánica estructural. No puede ignorar la relación entre peso y sustentación que se encuentra en la esencia misma de la arquitectura. Pero sí puede decidir cómo esa relación, cómo el diálogo con la gravedad se convierte en forma visual de su arquitectura. Y desde luego, los arquitectos de la Grecia clásica lo tuvieron muy claro.

Con el peristilo, el arquitecto griego lleva la estructura a la fachada (fig. 11), decide convertir la columna en imagen visual de su arquitectura, y eleva la estructura a la categoría de arte. Un arte expresivo. Tan importante era el peristilo que, según nos dice Spiro Kostoff, incluso se construía éste antes que la cella, la nave interior [3]. Y es que la pantalla de columnas era lo que más importaba para la expresión del programa religioso. De hecho, el trato diario con la divinidad tenía lugar al aire libre, no en el interior. El templo estaba concebido fundamentalmente como una presencia exterior. No era un espacio interior al que entraban los fieles.

La composición del peristilo es muy sencilla. El arquitrabe horizontal, formado por varias vigas de piedra, descansa sobre una hilera de columnas verticales, que a su vez apoyan en el podio, también horizontal. Y éste último transmite el peso del templo al terreno. Pero como el arquitecto griego quería hacer evidente la idea de la sustentación en su arquitectura, coloca una serie de elementos de transición que muestran la transmisión de las cargas entre unos elementos constructivos y otros. En la cabeza de las columnas está el capitel, el encargado de llevar el peso del arquitrabe a la columna. A continuación viene el cuerpo de la columna, el fuste, con sus acanaladuras verticales como eco de la línea vertical de la Gravedad, y con un ligero ensanchamiento de su sección en la zona próximo a la base, que conocemos por éntasis (la expresión de cómo la columna entra en carga y se hincha por el peso). Por último, está la basa, el elemento de transición que se encarga de llevar el peso de la columna y sus cargas al podio [4]. Como dice Viollet le Duc: *"el arquitecto griego quiere mostrar a los ojos de todo el mundo que las distintas partes de su monumento cumplen una función útil y necesaria. No le basta que su monumento sea sólido, quiere que además lo parezca"* [5]. Y esta idea de no sólo ser, sino además, parecer, es fundamental. Porque introduce en la lógica racional de la estructura aspectos que son puramente decorativos.

Continuemos con esta especial relación entre la Arquitectura griega y la estructura. Según leemos en *Los Diez Libros de Arquitectura* de Vitruvio [6], el arquitecto griego no sólo lleva la estructura a la fachada y deja la estructura a la vista, sino que además establece todo un vocabulario arquitectónico basado en la columna.

En función de la configuración del peristilo, los templos se clasifican de la siguiente manera: templo in antis, con sólo dos columnas a ambos lados de las antas; templo próstilo, con cuatro columnas en su alzado principal; templo anfipróstilo, con columnas en ambos testeros; templo períptero, con una hilera de columnas en las cuatro fachadas; templo seudodíptero, con doble hilera de columnas en los alzado principales, e hilera simple en los alzados laterales; templo díptero, con doble hilera de columnas a su alrededor; y el templo hípetro, con doble hilera de columnas más columnas entre las antas y en el interior de la nave. Si lo pensamos bien, estos templos no son diferentes estructuras, sino varia-

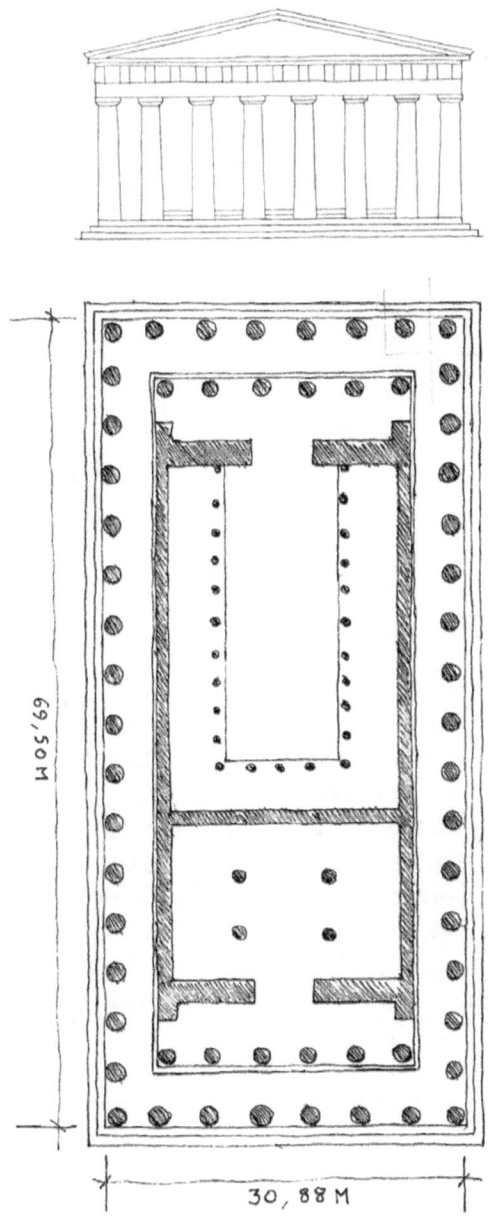

Figura 11. Planta y alzado del Partenón

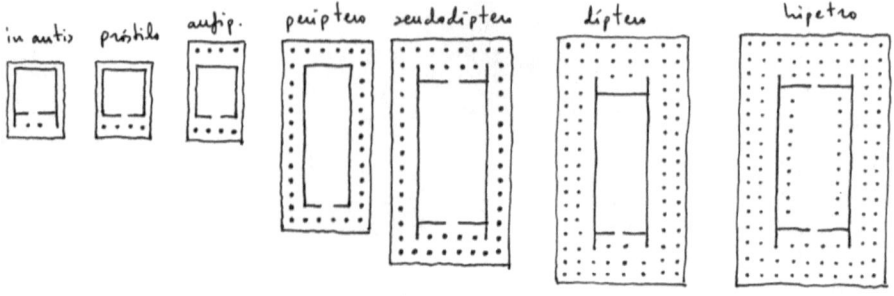

Figura 12. Variaciones del templo griego según la disposición de las columnas

ciones formales dentro de un mismo tipo. Eso nos demuestra la riqueza de un vocabulario arquitectónico basado en un elemento tan sencillo como la columna (fig. 12).

Tan rico era el vocabulario de la columna, que daba lugar a más tipos de clasificaciones. Según el número de columnas en el frente, el templo podía ser tetrástilo, hexástilo, octástilo o decástilo. Según la proporción del intercolumnio se hablaba del templo picnóstilo, en el que la altura (h) de la columna es diez veces su diámetro (d), y la anchura del intercolumnio (i), es 1,5 veces su diámetro; a continuación venía el templo sístilo, en el que h=9,5d, siendo su intercolumnio i = 2d; el templo eústilo, en el que h=8,5d, y el intercolumnio es 2,25 veces el diámetro de la columna; el templo diástilo, en el que la altura de la columna es 8,5 veces su diámetro, y el intercolumnio es tres veces el diámetro de la columna; y por último el templo aeróstilo, con columnas cuya altura es ocho veces su diámetro, e intercolumnio mayor a tres veces el diámetro de las columnas (fig. 13).

Por último, y también ligada a la columna y a sus proporciones, se establecía la más universal de las clasificaciones, la división entre orden dórico, jónico y corintio, que todos conocemos.

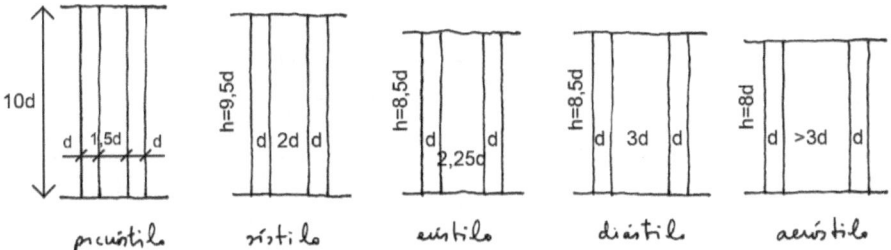

Figura 13. Variaciones del templo griego según la proporción del intercolumnio

Todo este discurrir se hacía en torno a la columna. Y lo que nos muestran estas clasificaciones, según la disposición del peristilo, según el número de columnas, según la proporción del intercolumnio y según el orden, es la riqueza de un vocabulario que en el fondo funciona con muy pocos elementos. Un vocabulario que es capaz de dar múltiples soluciones sin ser ninguna copia de la anterior. Que es capaz de evolucionar. Y que es capaz de transmitirse. Cuando un arquitecto era conocedor de esta clasificación y de estas proporciones, era capaz de proyectar y poner en pie con seguridad un nuevo templo. Como muchos de los prontuarios que hoy día manejamos, este vocabulario del Templo Griego se convirtió en una regla que aseguraba el correcto funcionamiento de su estructura [7]. Y esta regla, basada en la razón y en la experiencia, tuvo una validez de varios siglos.

Ya hemos sugerido antes que el arquitecto griego no sólo se centró en la lógica de la mecánica estructural. Quiere configurar la idea de sustentar, quiere elevar el sustentar a la categoría de arte. Y cuando la arquitectura se eleva a la categoría de arte, ya no es sólo una cuestión de razón, o de lógica constructiva. Hay algo más. Si nos fijamos bien comprobaremos que no toda la configuración del templo griego responde a la pura lógica de la estructura, a la pura razón constructiva.

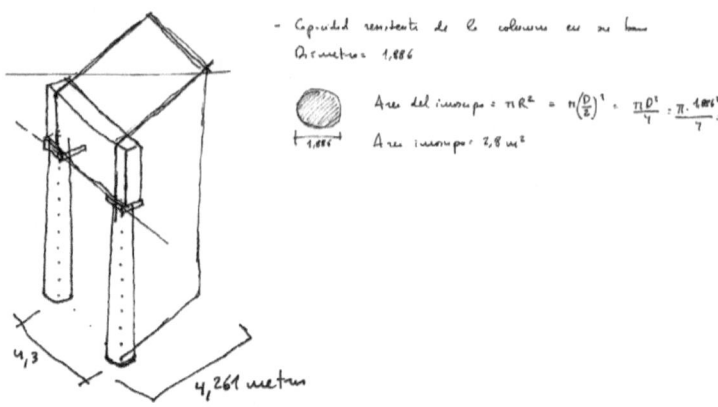

Figura 14. Datos geométricos para el cálculo de una columna del Partenón

Por ejemplo, si intentamos calcular la estructura del templo griego, comprobamos que se trata de una estructura sobredimensionada. Su capacidad resistente es muy superior a los esfuerzos a los que se ve sometida (fig.14). Las columnas del Partenón, con una superficie en su base de aproximadamente 2,8 m2, tienen una capacidad resistente enorme si consideramos la resistencia a compresión del mármol blanco del Pentélico que establece el Instituto de Geología y Explotación Mineral de Grecia (1140 kg/cm2 = 114 N/mm2 en unidades del Sistema Internacional) [8]. Teniendo en cuenta que el peso aproximado de una columna del Partenón es 80 toneladas (800 kN), y que el peso del arquitrabe que sostiene es 75 toneladas (750 kN), se concluye que la carga en la base de la columna es aproximadamente 155 toneladas (1550 kN), mientras que la carga máxima que puede resistir la columna asciende a 31920 toneladas (319200 kN), es decir, más de 200 veces superior al esfuerzo al que se ve sometida. Y el mismo sobredimensionado encontramos en las vigas del Partenón (fig.15). Esta estructura no quiere llevar al límite la capacidad resistente de la piedra. Pero sí quiere llegar al límite de la belleza.

¿Cómo si no podrían justificarse las correcciones ópticas que se realizaban en sus elementos constructivos, y que con tanto detalle descri-

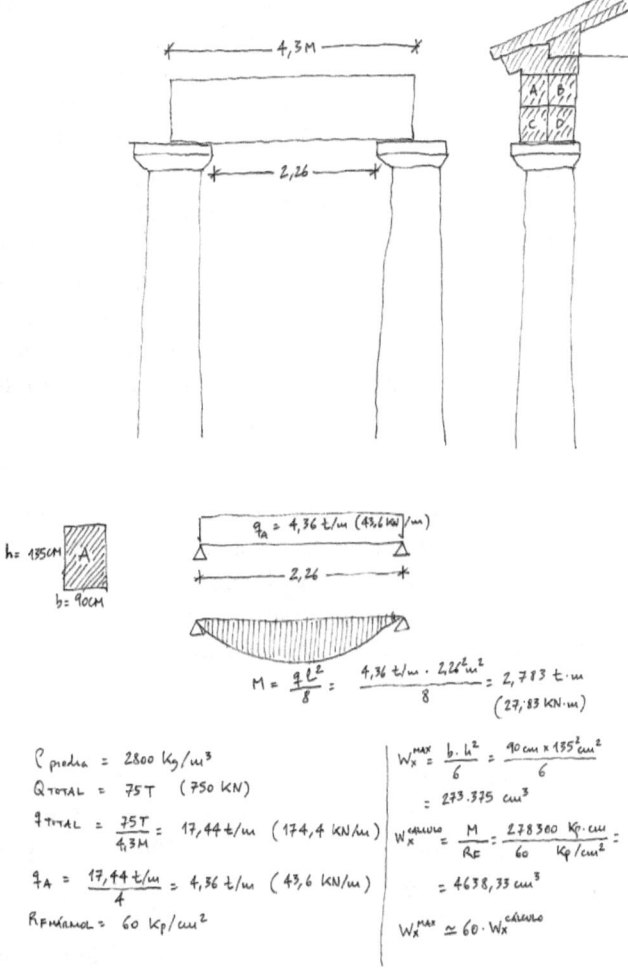

Figura 15. Cálculo de una viga del Partenón. Para la hipótesis de cálculo se ha tenido en cuenta que el arquitrabe está formado por cuatro vigas de piedra superpuestas, dos en el exterior, y dos en el interior. Además, se han tenido en cuenta los siguientes datos:
La densidad del mármol es igual a 2800 kg/m3; La carga total que actúa sobre las cuatro vigas que componen el arquitrabe, Q_{total} es igual a 75 toneladas (750 kN); La carga repartida total, q_{total} es igual a 17,44 t/m (174,4 kN/m); La carga repartida que actúa sobre la viga A, q_A, es igual a 4,36 t/m (43,6 kN/m); La resistencia a flexión del mármol es igual a 60 kp/cm2; El momento flector máximo de la viga A, M es igual a 2,783 t.m (27,83 kN.m); El módulo resistente máximo de la viga A, Wx_{max}, es igual a 273.375 cm3; El módulo resistente de cálculo de la viga A, $Wx_{cálculo}$ es igual a 4638,33 cm3. La conclusión es que la capacidad resistente de la viga es unas 60 veces superior al esfuerzo al que está sometida.

be William Goodyear en sus *Refinamientos Griegos* [9]? Una vez más, volvemos a comprobar cómo la apariencia de la estructura es importante para el arquitecto griego. Incluso en ocasiones, más importante que la propia mecánica de la estructura. El diámetro de la columna, por ejemplo, no es constante a lo largo de todo el fuste. Su sección es menor en el sumoscapo, la parte superior de la columna, lo cual es muy lógico desde el punto de vista estructural, porque es la zona de la columna menos solicitada. Sin embargo, en la mitad inferior del fuste aumenta la sección, el conocido éntasis de la columna, y vuelve a reducirse en la base de la columna, precisamente donde la solicitación es mayor. Se trataba con esta corrección de rectificar la imagen de la columna con respecto al punto de vista del observador, y no de expresar cómo la columna iba aumentando su sección a medida que la carga aumentaba.

También se modificaba el podio, que no es un plano perfectamente horizontal sobre el que descansan las columnas, sino un plano ligeramente curvado, con las esquinas más bajas, y el centro más alto. Con esta modificación se pretendía evitar la sensación de que el podio se hundía, pero se obligaba a calzar las columnas sobre plintos de distinta altura, que tenían además que corregir la falta de horizontalidad en el apoyo de la columna.

Y un refinamiento más. Según un dibujo de Choisy [10], el vuelo del capitel no cumple la función estructural que se le presupone. Es más un gesto decorativo y expresivo que estructural. En teoría, el capitel hace de transición entre la viga y la columna, sirve para aumentar la superficie de apoyo de la viga y, con su voladizo, reduce la luz estructural de la viga. Ese vuelo es como una pequeña ménsula de piedra, que se adelanta para aliviar el trabajo de la viga. Pero Choisy nos muestra que en el caso del Partenón el vuelo del capitel no recibe la viga. No trabaja (fig.16). ¿Es posible que en esta estructura vista, no todo lo que vemos sea realmente estructural, ni esté pensado desde el punto de vista de la mecánica estructural? Claro que es posible. Y la respuesta la encontramos precisamente en la columna, el elemento sustentante por excelencia, el eje alrededor del cual gira todo el diseño del templo griego.

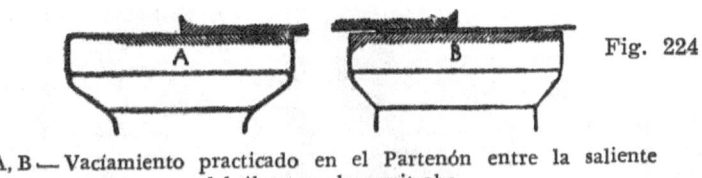

Fig. 224

A, B — Vaciamiento practicado en el Partenón entre la saliente del ábaco y el arquitrabe

Figura 16. Cajeado del apoyo entre viga y columna para que el vuelo del capitel no entre en carga.

Las columnas del Partenón, que representan la idea de la solidez y de la sustentación, están surcadas por unas acanaladuras cuyo efecto es precisamente el contrario, su desmaterialización, el desdibujado de su apariencia sólida (fig.17). Este efecto se puede entender muy bien en el pórtico de la Stoa de Atalos en Atenas (fig.18). La hilera de columnas de la fachada tiene un doble tratamiento; superficie lisa, cilíndrica en la base, y superficie acanalada en los dos tercios superiores del fuste. La hilera de columnas del interior tiene sus fustes con superficie lisa en toda su altura. Cuando la superficie es lisa, la luz define con solidez la forma cilíndrica. Lo que percibimos es una superficie cilíndrica continua. Sin embargo, en la superficie acanalada, la luz rompe contra la columna construyendo una secuencia de líneas verticales de luz y sombra de espesor variable. Lo que vemos ya no es una superficie cilíndrica continua, sino una multiplicación de líneas verticales que aligeran la columna y la desdibujan por efecto de la luz.

Es interesante comprobar que una arquitectura que saca la estructura a la vista de todos, lo hace buscando efectos que no tienen relación directa con la estructura o con su mecánica. Y es que hay algo más en el peristilo griego, que la sola idea de mostrar la estructura, su construcción, y su mecánica. La estructura está a la vista, sí, pero de una manera muy especial.

Figura 17. Detalle de las columnas del Partenón

Figura 18. Pórtico de la Stoa de Atalos, Atenas

La Sainte Chapelle

La catedral gótica es un referente del racionalismo estructural [11], una corriente que aboga por una arquitectura de construcción vista y explícita. Y es un auténtico poema sobre la estructura. Vamos a ver cómo funciona.

Como es bien sabido, el arco y la bóveda transforman la verticalidad de la gravedad en un esfuerzo oblicuo que sigue la dirección de sus dovelas. Cuando un arco o una bóveda apoyan sobre una columna, o sobre un muro, esos esfuerzos oblicuos se transmiten a las cabezas de esas columnas y de esos muros. Les empujan. Y para evitar su vuelco es necesario un contrarresto al empuje. Los arquitectos romanos, para contrarrestar estos empujes, recurrían a muros de un enorme espesor. Muros tan pesados que era imposible hacerlos volcar. Esos muros, gracias a su gran peso, conseguían verticalizar los esfuerzos oblicuos de sus bóvedas y de sus cúpulas. Pero no hacían poesía de este contrarresto, al menos no explícitamente, pues las grandes masas inertes de sus muros permanecían ocultas.

Los maestros constructores del gótico, sin embargo, decidieron convertir el contrarresto de los empujes en imagen de su arquitectura (fig.19). Bill Addis [12] nos explica los cuatro elementos que componen la estructura gótica: la bóveda de arista, el arbotante, el contrafuerte y el pináculo. Frente a la bóveda de cañón romana, que ejerce un empuje a lo largo de toda la coronación del muro en que apoya, la bóveda de arista concentra los empujes en las nervaduras, y de ahí son llevados a las cabezas de las columnas (fig.20). La componente vertical de las cargas es soportada por las columnas. Y la componente horizontal de las cargas, el empuje, es llevado a la cimentación a través de los contrafuertes exteriores. Los muros de fachada no tienen función estructural. Son plementerías ligeras de piedra y vidrio. Y las columnas, al no soportar esfuerzos horizontales, se hacen más esbeltas.

Toda la estructura gótica es una materialización del camino que siguen las cargas desde las bóvedas hasta los contrafuertes (fig.21). En su forma más simple, el contrafuerte está constituido por un murete ado-

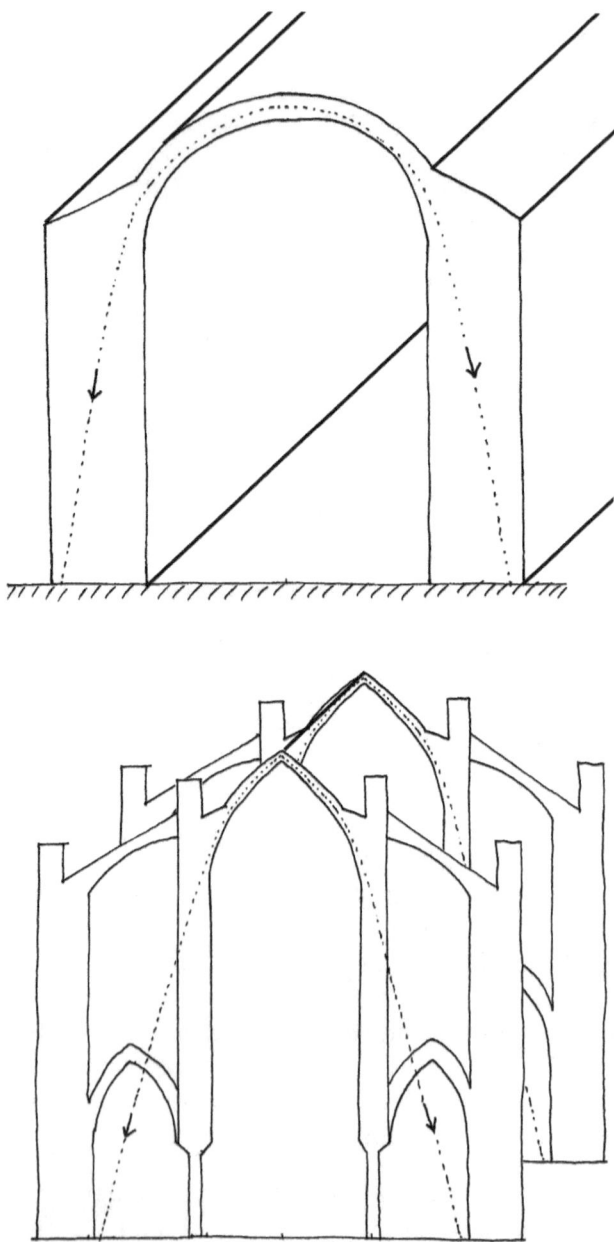

Figura 19. Muro romano de gran inercia vs contrafuerte gótico

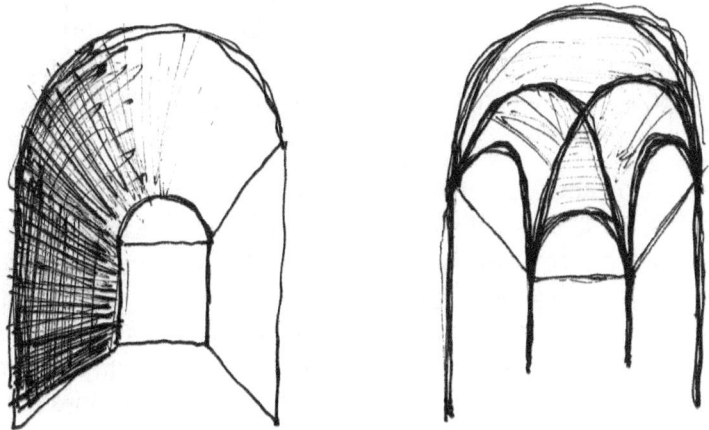

Figura 20. Bóveda de cañón vs bóveda de crucería

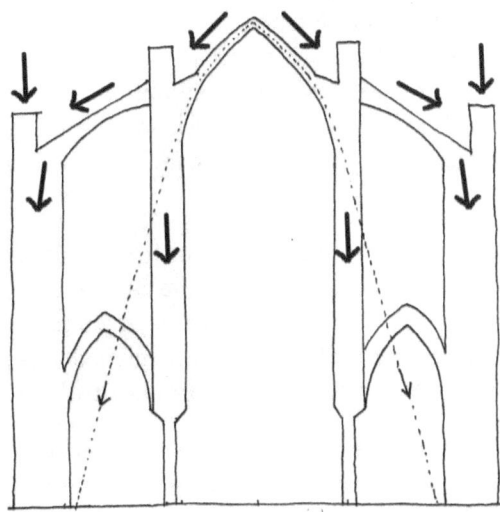

Figura 21. Sección de una catedral gótica con el reparto de sus cargas

sado al muro de fachada, pero en las grandes catedrales de tres naves, donde la nave central se eleva para recibir la luz, unos bellísimos arcos aislados se lanzan por encima de las naves laterales para conducir los empujes de las bóvedas centrales hasta los contrafuertes. Son los arbotantes, unas muletas hechas en piedra.

Por último, los pináculos, con su peso propio, dan estabilidad a los contrafuertes, evitando su vuelco, que podría producirse ante el empuje excesivo de los arbotantes. Los altos pináculos son sencillos pesos muertos que verticalizan la carga oblicua que recibe el contrafuerte en su cabeza. Imaginemos que apilamos treinta libros, uno sobre otro, haciendo una columna. Es muy fácil desmoronarlo todo con un leve golpe. Pero si aplicamos una carga vertical sobre los libros, si los apretamos, ya no será tan fácil. Esa función de apretar la lleva a cabo el pináculo. Vemos pues que la catedral gótica construye con mucha claridad el camino de las cargas. Y lo hace en dos direcciones, en horizontal, desde la bóveda hasta el contrafuerte, y en vertical, desde la clave de las bóvedas hasta la base de las columnas.

¿Cómo se les ocurriría a estos maestros constructores elevar el discurrir de la gravedad a un arte tan hermoso y tan sencillo? La capacidad que tiene el ser humano de construir belleza con cualquier excusa es algo que no debe dejar de admirarnos. El arquitecto gótico, como el griego con las columnas, eleva la estructura a la categoría de arte, convierte los nervios, contrafuertes, arbotantes y pináculos en imagen exterior de su arquitectura. Quiso que su estructura estuviera a la vista, pero de una manera muy especial, que nos enseña la Sainte Chapelle de París (fig.22).

Diseñada para albergar las reliquias del martirio de Jesucristo que había adquirido el rey San Luis de Francia, la Sainte Chapelle consta de dos capillas, una muy sencilla en planta baja, y una capilla mayor en la planta primera, un espacio diáfano de una nave, de diez metros de anchura y veinte metros de altura, con enormes vitrales (fig.23).

Como se trata de una capilla de una sola nave, la estructura que soporta los empujes es muy sencilla. No son necesarios los arbotantes, y los contrafuertes se adosan directamente a las bóvedas de crucería. Pero la ausencia de arbotantes no le resta fuerza a la imagen exterior de la es-

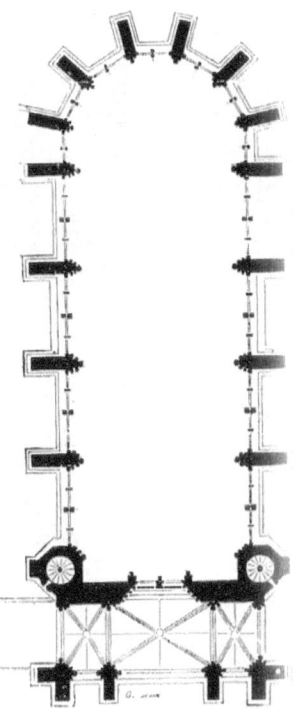

Figura 22. Planta de la Sainte Chapelle

tructura. La fachada de la Sainte Chapelle muestra una arquitectura de piedra, sobria y sólida, con el esqueleto a la vista (fig.24). Sin embargo, el espacio interior es ligero, y está atravesado por una luz coloreada casi mágica [13]. Desde el punto de vista de la estructura, apenas vemos en el interior unos delicados pilarillos que arrancan del suelo hasta llegar a las claves de las bóvedas de crucería. Pareciera que esas bóvedas de piedra no pesaran nada, cuando pueden estar sostenidas por pilares tan esbeltos. Y es que las cristaleras de colores no dejan ver los potentes contrafuertes que, desde fuera, están realmente sosteniendo el peso

Figura 23. Sainte Chapelle.
Interior de la capilla mayor

Figura 24. Sainte Chapelle. Exterior

de las bóvedas y sus empujes. Esos pilarillos polilobulados en realidad son los testeros de los contrafuertes, suavemente labrados por dentro, y cortados a escuadra por fuera. Qué detalle tan sutil, pero tan rotundo (fig.25). He aquí la maestría de un gran arquitecto, Pierre de Montreuil.

La Sainte Chapelle nos está ofreciendo dos caras bien diferentes en su interior, y en su exterior. Delicadeza e ilusión gravitatoria por dentro, frente a robustez mecánica y solidez por fuera. Sobriedad y desnudez en el exterior, y en el interior, un espacio que arrebata el espíritu (fig.26).

Después de este análisis, las palabras de Hegel resuenan más certeras aún: *"la forma fundamental de la catedral gótica no está basada en la sustentación, sino que esta idea se supera por el hecho de que los recintos suben y se reúnen en una punta sin la expresa diferencia entre gravitación y sustentación"* [14].

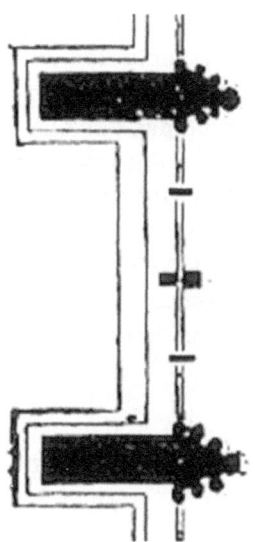

Figura 25. Detalle de contrafuerte.

Figura 26. Detalle de vidriera

¿Cómo es posible que uno de los más claros ejemplos del racionalismo estructural no esté basado en la sustentación? Aunque parezca contradictorio, es posible. La Sainte Chapelle nos presenta unas bóvedas que parecen no pesar, unas columnas que en vez de sustentar parecen alzarse hacia los cielos, y unas paredes que son atravesadas por la luz. Y a la vez, es un canto a la estructura de piedra. Una estructura que aprovecha al máximo la capacidad de compresión de la piedra, que es una narración de cómo el peso de la arquitectura se transmite desde su coronación hasta su base. Volvemos a tener aquí un ejemplo de estructura a la vista que busca algo más. Esta estructura a la vista, es algo más que sólo estructura.

Conclusión

Situar la estructura a la vista es una idea universal de la Arquitectura. Como dice Schopenhauer, *"El tema propiamente estético de la bella arquitectura es la lucha entre el peso y la rigidez. De hecho, este es el único tema estético que la caracteriza exclusivamente, puesto que, en cualquiera de sus manifestaciones, su misión es precisamente poner de manifiesto con toda claridad y de múltiples maneras la lucha mencionada"* [15].

Este tipo de arquitecturas que muestran la estructura reducen, en la medida de lo posible, los cerramientos y particiones sin función estructural. Acentúan los elementos estructurales y construyen de manera explícita el recorrido de las cargas. Convierten las transiciones entre elementos estructurales en formas de gran expresividad. Descomponen la estructura en elementos lineales que hacen muy elocuente el camino de la gravedad. En definitiva, se trata de arquitecturas cuya forma viene determinada por la estructura.

Pero no todo en ellas es una estricta sujeción a las leyes de la mecánica estructural.

No siempre sus formas son mecánicamente eficientes. A veces incluso, caen en un sobredimensionado excesivo.

No siempre son ejemplo de razón y objetividad.

No siempre son arquitecturas puras, sin revestimientos ni decoración. El acanalado del fuste griego, las formas del capitel y de la basa, el dibujo en relieve de los triglifos, el polilobulado de los pilarillos góticos, la ornamentación de los pináculos, son medios no estructurales para resaltar elementos con función estructural.

Es más. Si hay algo que nos muestran el Partenón o la Sainte Chapelle, es el empeño de sus arquitectos en superar la mecánica estructural sin dejar nunca de respetar la lógica y la razón de la estructura. Si al Partenón le quitáramos las acanaladuras de sus columnas, tendríamos una estructura vista, pero sin la sutileza del alma refinada que lo puso en pie. Si las vidrieras de la Sainte Chapelle fueran transparentes, y dejaran ver desde el interior los robustos contrafuertes que sostienen sus bóvedas, todo el misterio del templo gótico se desvanecería sin remedio.

Aunque Schopenhauer nos dice con razón que la misión de la Arquitectura es poner de manifiesto la idea de sustentación, olvida recordarnos que no se trata sin más de mostrar la estructura. Si así fuera, sería muy sencillo ser arquitecto.

LA ESTRUCTURA OCULTA

El Panteón

El arquitecto racionalista Viollet le Duc compara la arquitectura romana con un hombre vestido: *"En la arquitectura romana está la estructura, la construcción auténtica, real y útil, combinada con vistas a cumplir un programa fijado con gran maestría, y está el envoltorio, la ornamentación, que es independiente de la estructura en la misma medida en que el vestido es independiente del cuerpo humano"* [1].

La construcción romana de bóvedas y cúpulas requiere grandes contrafuertes, masas inertes de construcción que contrarrestan sus enormes empujes horizontales. Pero al contrario de lo que ocurre en la construcción gótica, en la mayoría de los edificios romanos los contrafuertes quedan ocultos. No obstante, siguiendo con la metáfora del hombre vestido, lo mismo que el ropaje se adapta a las proporciones del cuerpo, así ocurre con la ornamentación romana. La estructura, aunque oculta, está presente en el espacio y en la forma romanas.

Ya hemos visto cómo en el Partenón queda configurada con claridad la idea de la sustentación. Cómo la idea primera del Partenón es revestirse de estructura, que su fachada sea una suma de vigas y columnas de piedra. En el Panteón esto no ocurre, pero no quiere decir que la sustentación para el arquitecto romano sea irrelevante, sino simplemente que esta idea queda relegada a un segundo plano.

El Panteón tiene tres partes diferenciadas: un profundo pórtico octástilo que sirve de acceso, un vestíbulo de transición, y una inmensa nave cilíndrica de 43,40 metros de diámetro, cubierta por una cúpula semiesférica. Nos vamos a detener en esta última (fig.27).

El cilindro se divide en dos niveles. En el primer piso, ocho machones enormes dejan entre sí ocho espaciosos nichos. El segundo piso se divide en treinta y dos partes, a eje con los machones y nichos del primer piso, en las que se van alternado ventanas con frontón y cuadros ciegos. Y a continuación, como coronación del conjunto, se dispone una

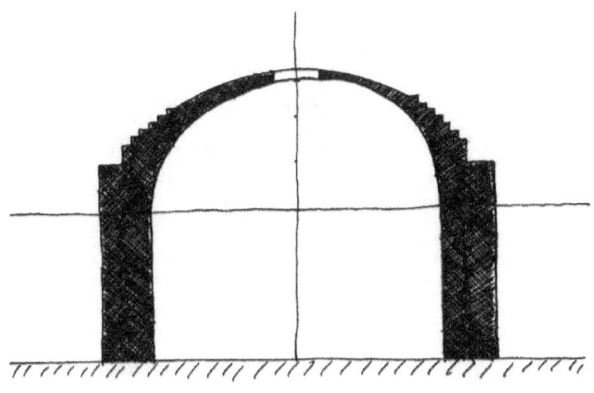

Figura 27. Panteón

prominente cornisa sobre la que arranca la cúpula. Ésta, a su vez, se subdivide en tres sectores: un primer sector ahuecado con veintiocho casetones radiales (con sus veintiocho nervios), un segundo sector de superficie llana, sin casetones y, por último, en la clave de la cúpula, el óculo vacío que ha inmortalizado a este bellísimo edificio.

A diferencia de lo que ocurre en una catedral gótica, en la que los nervios de las bóvedas de crucería son continuos, desde la clave de la bóveda hasta la base de las columnas, en el caso del Panteón hay una falta de continuidad entre la cúpula y el cilindro que la sustenta. Los 28 casetones + 28 nervios de la cúpula no coinciden con las 16+16 ventanas del segundo piso del cilindro, ni con los 8+8 machones y nichos de su base. El alzado que dibuja Mark Wilson Jones [2], desplegando la superficie del cilindro y su cúpula, nos lo aclara (fig.28). Hay dos órdenes aritméticos distintos, uno en la cúpula y otro en el muro cilíndrico. Los ejes de los casetones y sus radios no se prolongan en la superficie del cilindro. No hay voluntad de continuidad entre cúpula y muro sino, al contrario, de separación y discontinuidad. De hecho, la función de la cornisa que se interpone entre ambos es precisamente poner de

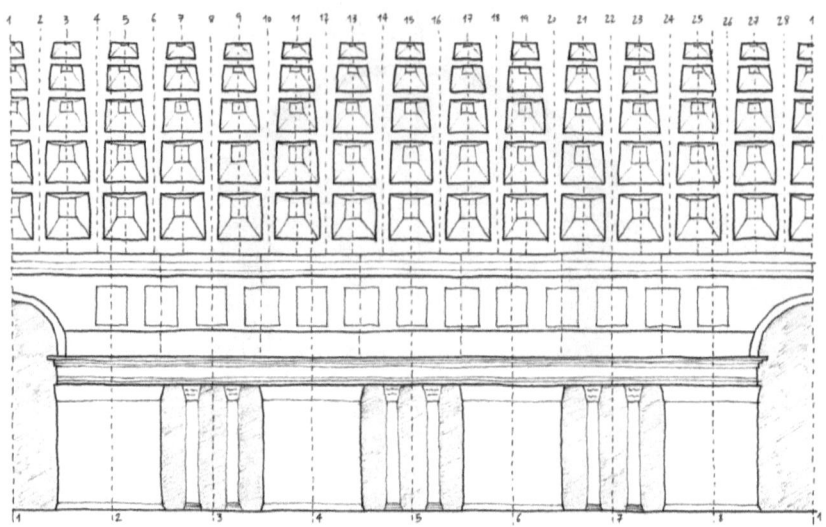

Figura 28. Alzado desplegado del interior del Panteón

manifiesto esa falta de continuidad. El arquitecto romano no quiere evidenciar cómo la cúpula se sustenta en el muro. No quiere configurar la idea de la gravedad.

Es más, una parte importante de la estructura del Panteón queda oculta por la ornamentación [3]. Para salvar los ocho grandes nichos de la base, se dispone un sistema de arcos y bóvedas de descarga que transmiten la carga de la cúpula a los ocho machones. Y estos arcos y bóvedas de descarga permanecen escondidos en el espesor del muro (fig. 29 y 30). Sólo gracias a que parte de la decoración exterior se ha desprendido, podemos ver los arcos de descarga en la fachada exterior de la rotonda (fig.31).

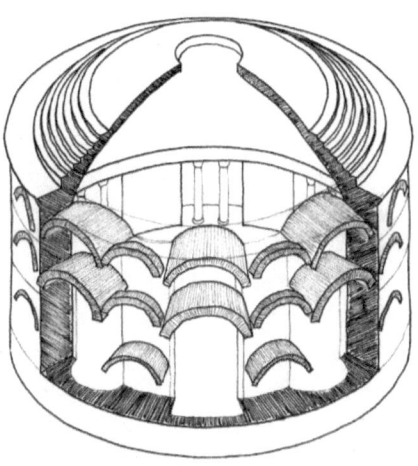

Figura 29. Arcos de descarga en la cúpula del Panteón

Figura 30. Sistema de arcos de descarga en el muro cilíndrico del Panteón

Figura 31. Arcos de descarga vistos en la fachada del Panteón

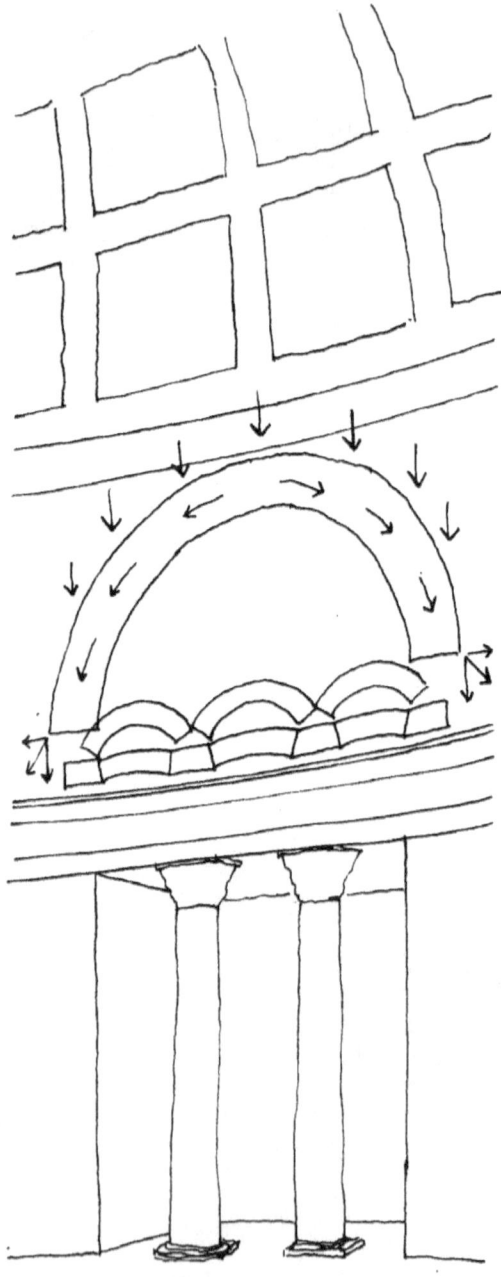

Figura 32. Arco de descarga sobre un nicho del Panteón

Figura 33.
La luz, tema central del Panteón

Estos arcos están liberando de su carga a las columnas corintias que flanquean los accesos a los nichos [4]. Pudiera pensarse que la función de esas columnas es sostener parte del peso de la cúpula, pero no es así. Son columnas decorativas, sin apenas función resistente más allá de la sustentación del peso del entablamento (fig.32). El auténtico soporte de la cúpula son los enormes machones escondidos tras la decoración. Pero el arquitecto romano no quiere situarlos en primer plano, como hace el arquitecto griego con las columnas del Partenón, o el arquitecto gótico con los contrafuertes de su catedral. Prefiere dejar la estructura en un segundo plano y convertir en protagonista del espacio a la Luz (fig.33).

La estructura como ornamento

Cuando Vitruvio describe los órdenes clásicos; dórico, jónico y corintio, junto a la función sustentante de la columna habla también de la función decorativa [5]. La columna, así entendida, trasciende su carácter de soporte de la arquitectura. Puede suceder entonces que la estructura sea a la vez soporte y ornamento, como ocurre con las columnas de los templos clásicos griegos. O puede suceder que la columna se desprenda de su tarea gravitatoria, quedando sólo lo decorativo, como sucede en las columnas corintias del Panteón.

También John Summerson, en *El lenguaje clásico de la Arquitectura*, nos cuenta cómo los arquitectos romanos emplearon los órdenes griegos con función no estructural, sino decorativa [6]. Según el profesor Summerson, la finalidad de la arquitectura clásica era conseguir una armonía de proporciones entre sus partes y en el conjunto, y los órdenes eran la herramienta para garantizar esa armonía. En función del tipo de orden que se empleara, el carácter del edificio era cambiante, desde lo rudo y fuerte, a lo delicado y bello. Y esta parte expresiva, esta armonía, era lo que los romanos querían procurar a sus edificios empleando los órdenes griegos, no como estructura, sino como ornamento aplicado a sus edificios.

Ya hemos visto cómo las estructuras romanas de arcos y bóvedas necesitan de gruesos muros que hagan de contrafuertes, en vez de columnas, que son demasiado débiles para soportar los empujes de los arcos y especialmente de las bóvedas. Mecánicamente hablando, las columnas de piedra son más apropiadas para las vigas, que transmiten una carga vertical sin empujes. Pero los arquitectos romanos no quisieron desprenderse de la columna, y la emplearon en muchos casos con función no estructural, sino decorativa, adosándola a sus muros, que son los que verdaderamente tienen función de soporte, y a veces incluso integrándola en los muros a modo de media columna o de pilastra labrada en la superficie mural. Y acompañando a esas columnas adosadas viene su entablamento y cornisa, también en relieve sobre el muro.

Un buen ejemplo de columnas y vigas decorativas unidas a una estructura real lo encontramos en el Coliseo de Roma. El Coliseo es una estructura de muros, bóvedas y robustos contrafuertes, recubierta en su

Figura 34. Fachada del Coliseo

Figura 35. Sección transversal del Coliseo

exterior por un orden adintelado no estructural (fig.34). La fachada se compone de tres pisos de arcos enmarcados por pilares y columnas de tres cuartos, y un cuarto piso ciego horadado por pequeñas ventanas. En los cuatro pisos se emplean los cuatro órdenes romanos principales: primero el orden toscano, que es la antigua variante italiana del dórico; el jónico y el corintio ocupan los pisos segundo y tercero respectivamente. Y en el ático se disponen altas pilastras corintias. Pero todo es puro ornamento. Son elementos estructurales sin función estructural.

Cuando analizamos la sección o la planta del Coliseo, es evidente el contraste entre la pesante masa de la estructura muraria y la ligereza de la decoración de columnas y vigas (fig.35). Hoy, que gran parte de los muros radiales que conforman las gradas quedan a la vista, es fácil hacer esta distinción. Si en el Panteón la estructura se oculta para dejar el protagonismo a la Luz, en el Coliseo lo que se busca es dotar a la fachada de una ornamentación, un ritmo, unas proporciones. Se quiere evitar la continuidad monótona de un muro cilíndrico. Y si así lo hicieron es porque pensaron, en definitiva, que el muro revestido era más hermoso.

Imaginemos cómo sería ese monumental cilindro de planta ovalada sin la filigrana estructural que lo decora (fig.36). Una geometría tan imponente y descarnada no cabía en los diseños de su arquitecto. Pero no le pareció suficiente el orden de arcos que perforaba su muro. Quiso aderezar su fachada con cuatro pisos de columnas con sus pedestales, sus arquitrabes y sus cornisas. Y no lo hizo de cualquier manera.

Veamos el detalle de fachada que dibuja Wilson-Jones (fig.37). Las alturas de las columnas son desiguales. En el primer piso, miden 8,31 metros; en el segundo piso 7,84 metros; en el tercer piso 7,80 metros y en el cuarto piso 8,39 metros. Sin embargo, esas no son las dimensiones que percibe un romano que se sitúa de pie frente al Coliseo. Al dibujar la perspectiva [7], vemos cómo se corrigen las alturas relativas de las columnas. En la primera hilera de columnas más próxima al espectador, la altura aparente de la columna del primer piso mide 8,26 metros; la del segundo piso, 7,64 metros, la del tercer piso 7,25 metros, y la del cuarto piso 7,2 metros. Es decir, van decreciendo desde la base, hasta la coronación (fig.38, 39, 40 y 41). Aparentemente, son más altas las colum-

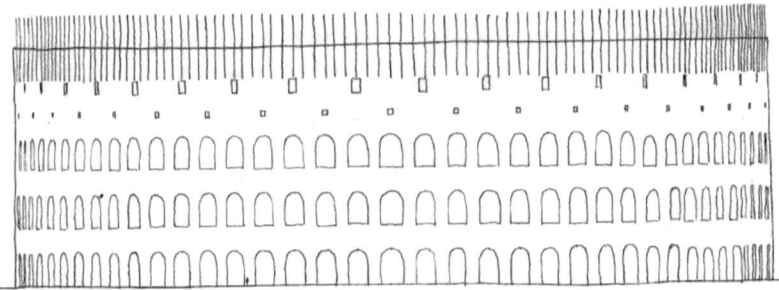

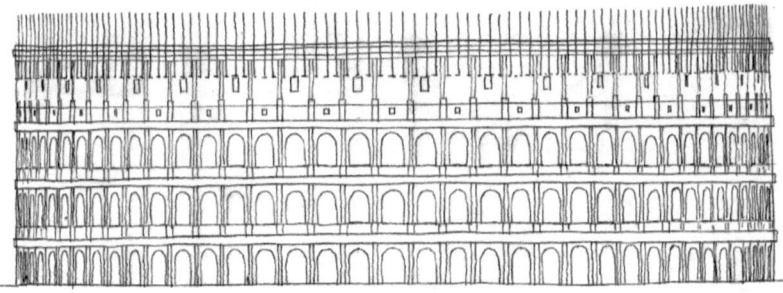

Figura 36. Evolución de la fachada del Coliseo. Del muro plano al muro decorado.

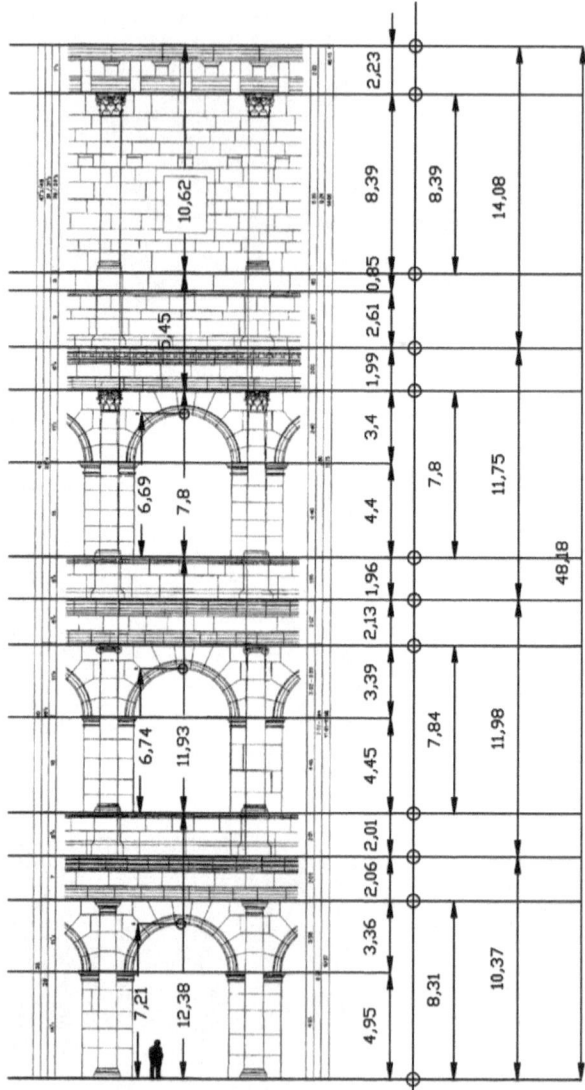

Figura 37. Coliseo. Detalle acotado de fachada

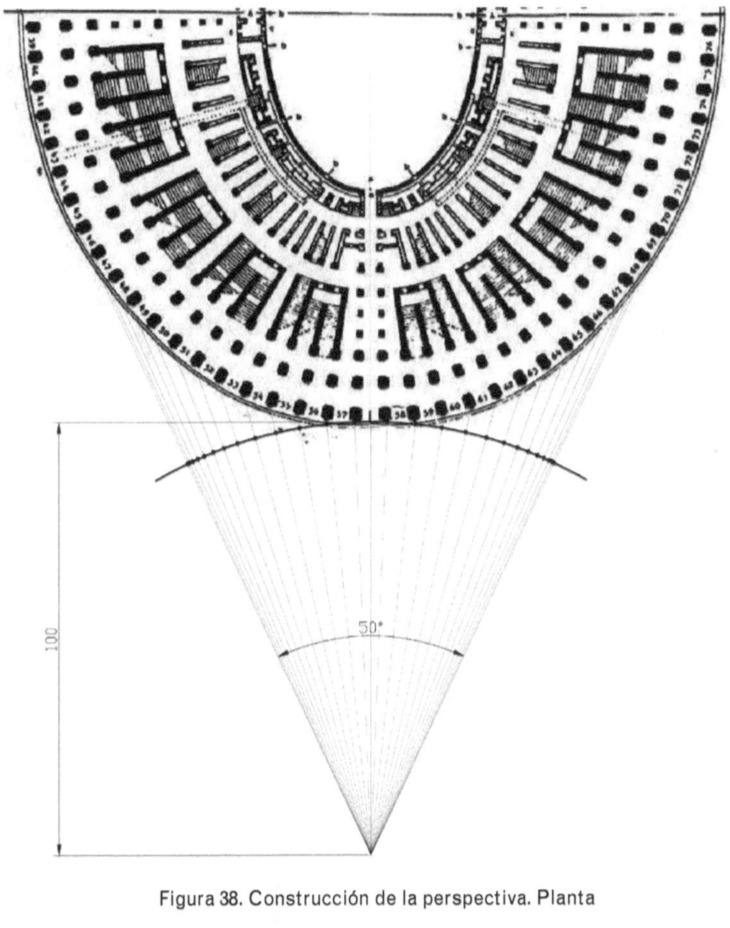

Figura 38. Construcción de la perspectiva. Planta

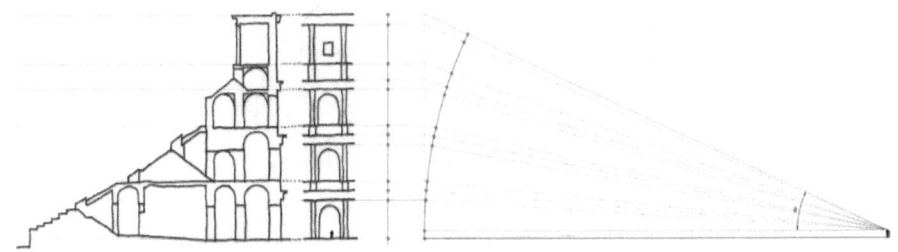

Figura 39. Construcción de la perspectiva. Alzado y sección.

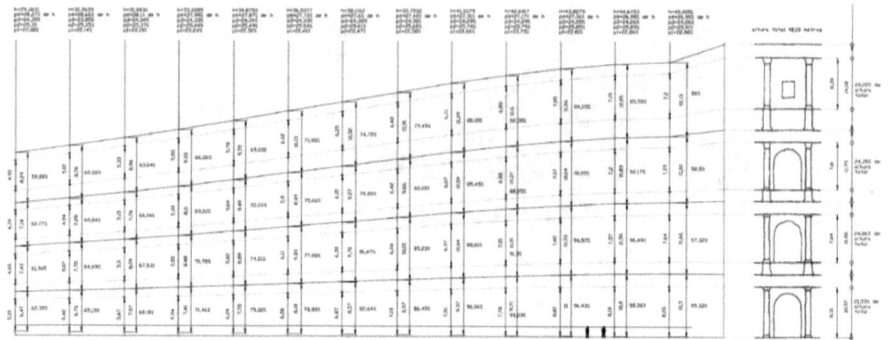

Figura 40. Construcción de la perspectiva. Alturas relativas.

Figura 41. Perspectiva del Coliseo

nas de la base, que las de la coronación, lo cual es lógico si atendemos al principio Vitruviano de que *"tanto en altura como en grosor, las partes superiores deben ser más delgadas que las inferiores"* [8].

También podemos ver en la figura 35 cómo los pisos de la fachada del Coliseo no coinciden con los pisos del graderío y los deambulatorios interiores. De hecho, en el interior del Coliseo contamos hasta cinco pisos, frente a los cuatro pisos de su fachada. Lo que hace el arquitecto del Coliseo es utilizar las columnas, arquitrabes y cornisas para modificar la apariencia del edificio. No se trata de una decoración sin más que repite en el exterior el orden interior de la verdadera estructura. Lo que nos enseña este ejemplo, es la gran capacidad de la columna para transformar la imagen de la arquitectura.

Más adelante, en el Renacimiento, se vuelven a emplear los órdenes clásicos con fines ornamentales y no estructurales. Incluso el propio Alberti, en su *De Re Aedificatoria*, nos dice que *"la columna es el principal ornamento de la Arquitectura"* [9].

La Iglesia de San Lorenzo en Florencia, de Brunelleschi, nos muestra la realidad de estos edificios cubiertos por el ornamento de los órdenes clásicos. El interior sigue un esquema de basílica con planta de cruz latina; tres naves longitudinales con capillas laterales, techo de la nave central adintelado, bóvedas vaídas en las naves laterales y cúpula en el crucero. Pero la fachada principal nunca se terminó, y aún permanece como un muro desnudo de ladrillo y piedra, con hiladas salientes que hubieran servido de anclaje a la futura fachada ornamentada. Aquí tenemos la sinceridad constructiva de un muro que debería haber quedado oculto (fig.42).

Las fachadas laterales sí están terminadas, recubiertas por una arcada ciega de piedra, con un ritmo de pilastras planas que repite en el exterior el orden de la estructura interior. Se trata de una falsa arcada, no estructural, sólo ornamental, que oculta los verdaderos contrafuertes del interior. Estos contrafuertes no se exhiben como sus hermanos del Gótico. Tampoco hay rastro de los arbotantes [10]. La idea del empuje desaparece de la imagen del edificio porque el criterio del arquitecto renacentista es diferente al del arquitecto gótico. Para el arquitecto del Renacimiento, como dice Laugier, *"los contrafuertes son objetos desa-*

Figura 42. Iglesia de San Lorenzo, Florencia.
Fachada frontal no decorada y fachada lateral con decoración

Figura 43. Esquina del Palacio Rucellai

gradables que manifiestan demasiado el esfuerzo y el trabajo como para exponerlos a la vista" [11].

La idea de la vestimenta aplicada sobre la verdadera estructura podemos encontrarla en muchos otros edificios de esta época. Como por ejemplo, en el Palacio Rucellai en Florencia, construido por Bernardo Rosellino entre 1446 y 1451 siguiendo un diseño de Alberti. En su esquina comprobamos que la fachada de piedra no da la vuelta (fig.43). Todo el muro articulado a base de pilastras, arquitrabes y arcos es pura vestimenta. Las pilastras sirven aquí simplemente para introducir un ritmo en la fachada, un orden geométrico. No tienen en absoluto función estructural.

Y lo mismo ocurre en el Palacio Medici en Florencia; en la Iglesia de San Andrés de Mantua o Santa María Novella, también en Florencia; en la Iglesia de San Giorgio Maggiore en Venecia; en la Loggia del Capitano en Vicenza y en el Palacio de los Conservadores en Roma. Pareciera que esta recomendación de Alberti fuese compartida por todos su coetáneos: *"las columnas, colocadas en gran número adornan un pórtico, un muro y cualquier clase de hueco, y de una en una no dejan de resultar decorativas en cualquier lugar, adornan encrucijadas, teatros, plazas, mantienen un trofeo, sirven a fines conmemorativos, poseen belleza y confieren dignidad"* [12].

El palacio de Carlos V

Otro ejemplo especialmente interesante de estructura oculta o decorada es el Palacio de Carlos V, diseñado por Pedro Machuca y construido en el recinto de la Alhambra, en Granada, entre los siglos XVI y XVII. En la planta baja de su fachada exterior presenta un tratamiento de sillares almohadillados (*bugnato rustico*), mientras que la planta primera se decora con un orden arquitectónico de pilastras que alternan con ventanas. Es decir, el muro está recubierto por un vestido ornamental, compuesto por un basamento pesante y una planta primera aligerada (fig.44).

Sin embargo, en el interior del palacio, hay un patio cilíndrico rodeado por una columnata de dos pisos. Aquí la estructura está a la vista. El nivel inferior se articula con columnas de orden dórico. El segundo piso utiliza el orden jónico. Y curiosamente, también en este pórtico se muestra la idea de aligeramiento con la altura, aunque la manera de conseguirlo es diferente. El arquitecto juega con la altura de los pisos y con la proporción de las columnas y los intercolumnios (fig.45). Veamos cómo lo hace.

En la fachada exterior los dos pisos tienen una altura similar, en torno a los 8,50 metros. En el patio, sin embargo, la planta baja, con 6,68 metros de altura, es considerablemente más alta que la planta primera, con 5,60 metros. Y también las columnas de planta baja, de 5,05 metros son más altas que las columnas del primer piso, de 3,52 metros. Pero esta diferencia tan acusada entre las alturas de las columnas es fruto de un artificio. Las columnas de la primera planta no arrancan del suelo, sino de un peto de piedra que se eleva 1,28 metros del piso (fig.46). Así se consigue no sólo acortar estas columnas, sino modificar por completo

Figura 44. Fachada del Palacio de Carlos V

Figura 45. Patio del Palacio de Carlos V

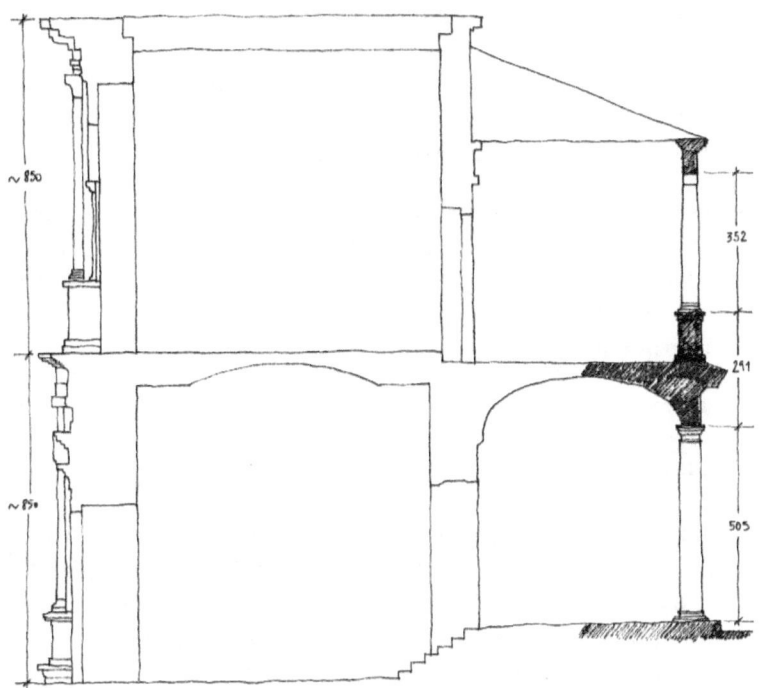

Figura 46. Sección transversal del Palacio de Carlos V

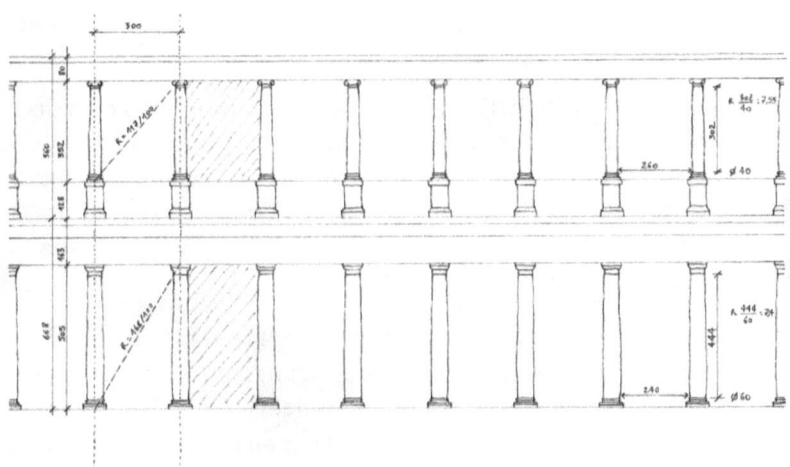

Figura 47. Palacio de Carlos V. Estudio de proporciones de la columnata

la apariencia de la columnata. La proporción del intercolumnio del nivel superior es casi un cuadrado. El intercolumnio de planta baja tiene una proporción más vertical. También la distancia libre entre columnas es menor en planta baja. Y la relación entre altura de fuste y diámetro de la columna es mayor en planta primera que en planta baja.

Es decir, las columnas de planta baja son más robustas, están más próximas entre sí, y la verticalidad de los intercolumnios acentúa aún más esa proximidad. Mientras que las columnas de planta primera son más esbeltas, están más separadas entre sí, y la menor verticalidad del intercolumnio acentúa esa separación.

Al igual que en la fachada exterior, en el patio hay más solidez en planta baja y más ligereza en planta primera. Pero el mecanismo es completamente diferente.

La fachada exterior es un muro decorado. Aquí actúa la vestimenta. La fachada interior es un pórtico adaptado. Aquí actúa la proporción. Por fuera la estructura se oculta. Por dentro la estructura se muestra, pero con ciertas alteraciones. Y esta alteración formal de la estructura está basada en su apariencia visual, no en su mecánica (fig.47).

La catedral de San Pablo

Para finalizar este capítulo sobre Estructura Oculta, vamos a analizar la catedral de San Pablo en Londres, proyectada por Christopher Wren en 1670, y construida entre 1675 y 1710. Lo que más destaca de este edificio es la cúpula, que con su inusual perfil parabólico y su diámetro de 32 metros es capaz de alcanzar los 111 metros de altura, y de sostener las mil toneladas de peso de su linterna (fig.48).

El diseño fue posible gracias a las teorías sobre la estática de Robert Hooke, que comprobó que la forma más adecuada para un arco es la de una catenaria invertida, es decir, una parábola. Como sabemos, la catenaria es la curva formada por una cadena suspendida entre dos puntos. Y su inversa es la parábola. Robert Hooke descubrió que el arco con per-

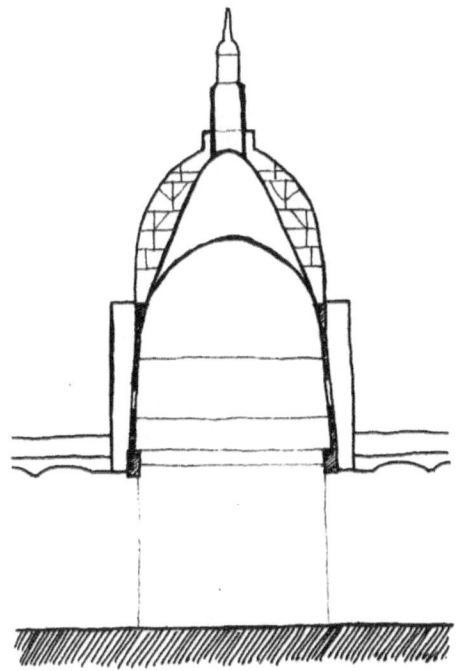

Figura 48. Sección transversal de la cúpula de San Pablo

fil parabólico es el que menores empujes horizontales produce, el que consigue que los esfuerzos en los apoyos sean prácticamente verticales y no oblicuos y, por tanto, el arco más eficaz desde el punto de vista de la mecánica estructural. Y señaló la relación entre el arco y la catenaria con un sencillo enunciado: *"Como cuelga un cable flexible, así invertidas se encuentran las piezas de un arco rígido"* [13].

Gracias a la sección parabólica, y a los anillos de hierro que Wren colocó en su base, la cúpula de San Pablo pudo elevarse sobre un tambor sin necesidad de contrafuertes directos, y pudo alcanzar una gran altura y dominar el horizonte de la ciudad de Londres.

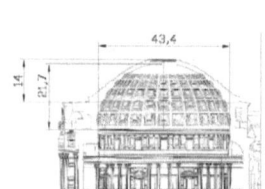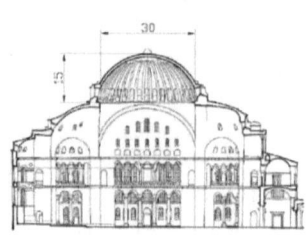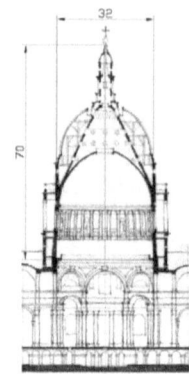

Figura 49. Comparación de las cúpulas del Panteón, Santa Sofía y San Pablo

Pero aparte del gran ingenio técnico, es interesante destacar cómo esta cúpula parabólica está revestida tanto por el exterior como por el interior. Podría pensarse que el arquitecto, animado por el avance tecnológico que estaba poniendo en pie, debería haber dejado esta cúpula a la vista y, sin embargo, decidió ocultarla. El revestimiento interior es una concha semiesférica de ladrillo con un óculo central. El revestimiento exterior es una cúpula semiesférica cubierta de planchas de plomo que, gracias a una estructura de madera, apoya en la cúpula parabólica de ladrillo. Ni desde el interior del templo, ni desde el exterior, se puede ver la verdadera cúpula de San Pablo; el perfecto perfil que recoge los esfuerzos sin apenas provocar empujes horizontales.

Probablemente para Wren, una cúpula parabólica era una forma extraña, impropia de una catedral, y prefirió ocultarla bajo el vestido de una cúpula clásica y semiesférica. Fue una cuestión más allá de lo puramente mecánico y técnico. Pero no deja de ser sorprendente que esta innovadora parábola quedara oculta, cuando sólo gracias a ella se consi-

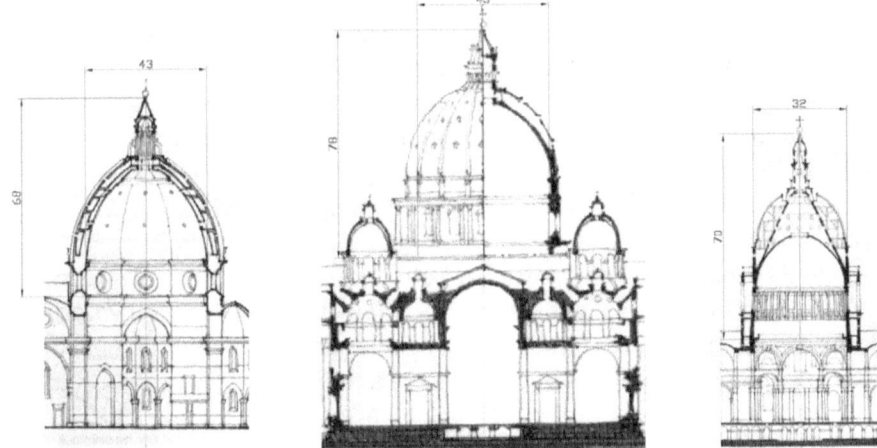

Figura 50. Comparación de las cúpulas de la catedral de Florencia, San Pedro del Vaticano y San Pablo

guió una cúpula de proporciones extraordinarias. De hecho, cuando la comparamos con otras célebres cúpulas de la Historia de la Arquitectura, comprobamos que la de San Pablo se yergue orgullosa, frente a las cúpulas del Panteón de Roma o de Santa Sofía, mucho más achatadas cuando las miramos desde el exterior. Y es que la cúpula del Panteón apoya directamente sobre los gruesos muros, sin elevarse, y la cúpula bizantina ha de apoyar directamente sobre sus arcos de descarga. La capacidad de la parábola de reducir los empujes permitió a Wren construir una cúpula más alta y atrevida (fig.49).

Además, esta cúpula londinense es más esbelta que la de Santa María dei Fiore de Brunelleschi, o la de San Pedro del Vaticano. También estas dos están elevadas sobre un tambor, y también en ellas sus arquitectos colocan cadenas de atado en la base para contener los empujes. Pero ni la cúpula de Brunelleschi, con una esbeltez de 1.58 (relación entre la altura y el diámetro interior), ni la cúpula de San Pedro, con una esbeltez de 1.81, alcanzan la grácil esbeltez de la cúpula de San Pablo: 2.18 (fig.50).

Sir Wren ocultó la parábola por el mismo motivo que los romanos decoraban sus muros y ocultaban sus arcos de descarga. Porque le pareció que la arquitectura que estaba proponiendo era así mucho más bella. Porque el perfil esférico de la cúpula decorativa le daba más serenidad a su diseño. Y porque se relacionaba mejor con el aire clásico del resto del templo. Y de esta manera nos dejó un ejemplo de cómo un nuevo tipo estructural convive con formas constructivas que todavía son clásicas. Como también lo hizo Soufflot en el pórtico del Panteón de París, o Claude Perrault en la columnata del Louvre. Como Henri Labrouste en la Biblioteca de Sainte Genevieve, o Sullivan en el edificio Wainwright. Como cualquier arquitecto que vive a caballo entre una pujante época nueva, y una época antigua que se resiste a morir.

LA ESTRUCTURA ILUSORIA

Ya hemos visto cómo la estructura puede estar en primer plano, o puede quedar en un segundo plano cuando es otra idea la que toma protagonismo. En este tercer apartado vamos a ver estructuras que se manipulan en busca de un efecto ilusorio, bien sea gravitatorio, bien de otro tipo. Y el principal ejemplo al que vamos a recurrir es la Alhambra de Granada. Vamos a hacer un recorrido por tres lugares de este palacio: La Sala de Dos Hermanas, la Fachada de Comares, y el Patio de los Leones.

La cúpula evanescente de Dos Hermanas

La Sala de las Dos Hermanas, situada en el lado norte del Patio de los Leones, es un espacio cuadrangular, de ocho metros de lado y dieciséis metros de altura. Se sabe que aquí habitó con sus hijos Aixa, la madre de Boabdil, después de ser repudiada por Muley Hasan, pero no vamos a centrarnos aquí en la historia de esta sala, ni en las leyendas que le han dado su nombre, sino en su arquitectura ilusoria.

Lo más interesante de esta sala es su techo, una cúpula de mocárabes de planta octogonal, compuesta por más de cinco mil prismas y apoyada sobre trompas de ángulo, también de mocárabes, terminadas en columnillas (fig.51). Como sabemos, el techo de mocárabes es una técnica puramente decorativa, ya que no permite construir estructuras resistentes. De hecho, la cúpula de mocárabes de Dos Hermanas es de yeso, y se descuelga de la auténtica estructura de madera de la cubierta. En su decoración, se leen estos elogios de Ibn Zamrak, el poeta de la Alhambra: *"He aquí una cúpula que por su altura se pierde de vista; en ella las bellezas se ven confusa y alejadamente"* [1].

Los versos del poeta nos ponen en aviso. El arquitecto que diseñó este espacio empleó dos mecanismos, uno geométrico y otro decorativo que, en conjunto, generan la sensación de un espacio vertical que se pierde en el infinito. Veámoslos detenidamente.

Figura 51. Cúpula de mocárabes de la Sala de Dos Hermanas

Cuando entramos en la Sala de Dos Hermanas y miramos a nuestro alrededor, vemos un sencillo espacio de planta cuadrada. Pero a medida que ascendemos la vista, asistimos a un sutil cambio en la sección horizontal, que pasa del cuadrado de la planta baja al octógono de la planta primera. Y si seguimos subiendo hasta llegar a la cúpula, vemos cómo el juego de mocárabes disuelve el octógono en polígonos de cada vez más lados hasta llegar a la circunferencia y, por último, al punto de fuga de una perspectiva ilimitada (fig.52). Es un mecanismo geométrico que convierte el cuadrado en un punto que se pierde en el infinito.

A este mecanismo geométrico se le suma el efecto luminoso de la cúpula de mocárabes. La base de la cúpula se ilumina de manera indirecta a través de dieciséis ventanas repartidas en todo su perímetro. Es decir, la luz no rompe directamente sobre los mocárabes, sino que previamente se refleja en los alféizares de mármol y atraviesa la superficie calada de las celosías. La iluminación no es un cúmulo de luz que va resbalando por la

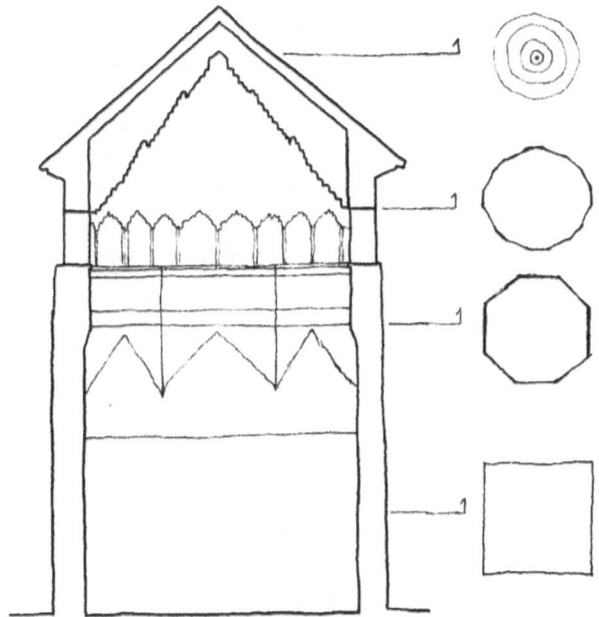

Figura 52. Cambio de sección horizontal en la Sala de Dos Hermanas

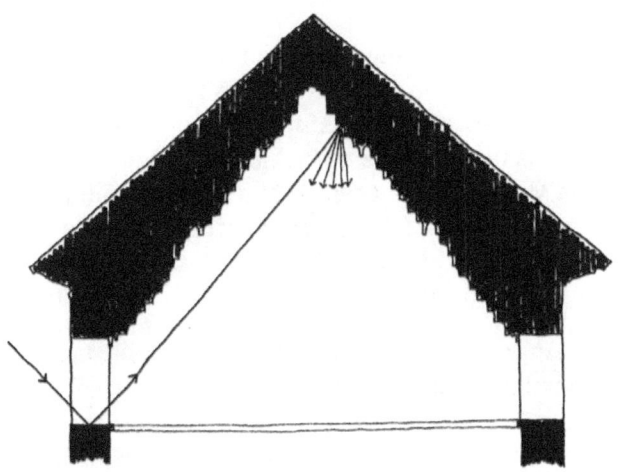

Figura 53. Luz indirecta sobre la cúpula de mocárabes de Dos Hermanas

superficie de la cúpula con el paso del tiempo, sino un velo homogéneo dispuesto sobre los mocárabes, un velo cuya forma no varía con el paso del tiempo, a pesar de que la luminaria, el sol, sí se desplaza (fig.53).

Como la superficie de mocárabes ofrece una multitud de puntos para que la luz rompa por difusión en todas las direcciones, lo que se produce es un juego de reverberación de la luz similar al puntillismo. La luz se divide en miles de puntos que, por contraste, se leen a distintas profundidades en el espacio, disolviendo los contornos y la geometría de la cúpula. El resultado es un efecto óptico. La cúpula parece borrosa, indefinida, inconcreta. Y esta imagen borrosa, como si estuviera desenfocada, se asocia a los objetos distantes. El efecto de la luz, unido al efecto geométrico de la transición del cuadrado al círculo, genera una dilatación vertical del espacio. De ahí la expresión del poeta sobre la cúpula que se aleja.

Qué diferentes son esta cúpula de mocárabes y la bóveda nervada de una catedral gótica. Al arquitecto de Dos Hermanas no le interesa mostrar la sustentación del techo, ni cómo los pesos se transmiten. Lo que le interesa es construir un trampantojo, un falso techo que oculta la verdadera estructura y que da la sensación de disolverse y alejarse.

El muro difuso de Comares

La fachada del Palacio de Comares está situada en el patio del Cuarto Dorado, a pocos metros de la Sala de las Dos Hermanas, y es un buen ejemplo de cómo la decoración transforma al muro. Esta fachada, que da acceso a la parte más importante de la Alhambra, fue ricamente decorada en tiempos de Muhammad V (1362-1391 d.C.) con azulejos de colores, paños de yesería labrada, un friso de estalactitas sobre columnillas y una cornisa de madera, todo cubierto por un alero de madera labrada de casi dos metros de vuelo (fig.54).

La decoración del muro de Comares recuerda a la cúpula de mocárabes de Dos Hermanas. También aquí tenemos una superficie, en este caso plana, descompuesta en miles de puntos por efecto de su tapiz decorativo. Y al igual que en Dos Hermanas las ventanas se disponen de manera que la luz nunca incida directamente sobre la cúpula, esta fachada se ha dispuesto

Figura 54. Fachada del Palacio de Comares

para que nunca el sol incida sobre ella. Cuando vemos su posición en la planta de los palacios nazaríes, comprobamos con extrañeza que este muro no forma parte del edificio al que sirve de fachada. Se ha girado noventa grados para buscar intencionadamente la orientación norte (fig.55).

Los estudios geométricos con las cartas solares de Granada [2] confirman que este plano permanece siempre en sombra, y que el arquitecto no busca una luz sólida trasladándose sobre la decoración, sino una luz estática, constante (fig.56). Una iluminación indirecta, de reflejos, homogéneamente repartida por toda la fachada, como un velo de luz aplicado sobre la superficie. Un plano de luz reverberante.

El plano decorativo así dispuesto, con su infinidad de entrantes y salientes, y con la suave luz que lo ilumina, se disuelve, parece borroso, y logra diluir la solidez del muro. El muro se desmaterializa, como si de un cuadro puntillista se tratara. Aquí tenemos un ejemplo de un sólido muro de ladrillo que no parece tal cosa.

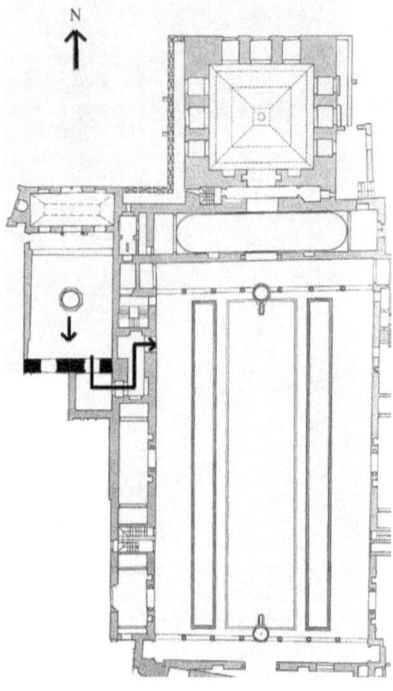

Figura 55. Posición de la fachada de Comares respecto al Palacio de Comares

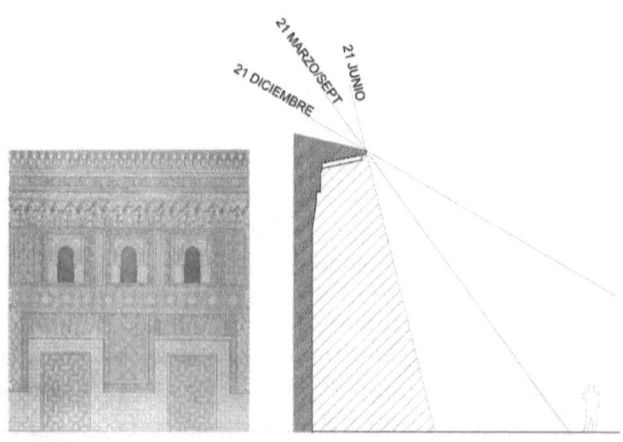

Figura 56. Estudio de soleamiento sobre la fachada de Comares

El falso pórtico del Patio de Los Leones

El Patio de los Leones, construido en la época de Muhammad V, es un espacio rectangular, de 28,5 x 15,7 metros, rodeado por un pórtico de delgadas columnas y estrechos intercolumnios (fig. 57 y 58).

Los pórticos de los dos lados mayores del rectángulo son simétricos respecto al eje mayor del patio, pero no respecto al eje menor. Los pórticos de los dos lados menores no son simétricos entre sí. Y tampoco las esquinas son simétricas. Hay una agrupación de tres columnas en T en dos esquinas, mientas que en las otras dos esquinas la agrupación es de cuatro columnas en cruz. También las columnas de los pórticos se agrupan cuidadosamente. Encontramos una alternancia rítmica de columnas individuales y columnas pareadas, y una sutil variación en la anchura de los intercolumnios y la forma de los arcos. Este patio porticado se parece poco a los patios porticados renacentistas, donde el orden, la proporción y la simetría son la regla (fig.59). Este patio quiere confundir al que lo habita. No quiere que aquel que lo visite entienda con facilidad su orden geométrico. No quiere que su vista descanse cuando lo contempla.

Las columnas, de mármol blanco, son muy esbeltas: 2,5 metros de altura, y 16 centímetros de diámetro [3]. Y sobre ellas se colocan unos capiteles muy especiales, que no son tales. Estos capiteles no son un elemento de transición entre el fuste y el arco. No son como el capitel griego, una conexión entre la columna y la viga. Y es que, en realidad, lo que se eleva sobre el capitel de estas columnas es una imposta, una pilastra de ladrillo de más de dos metros de altura. Una imposta que se recubre con una decoración de yeso, y cuya función es prolongar la columna hasta llegar a las vigas de madera de la cubierta. La columna no es pues lo que aparentemente se ve. La columna real mide 5 metros de altura (fig. 60 y 61).

Tampoco los arcos que parecen descansar sobre las columnas son verdaderos arcos con dovelas trabajando a compresión. En realidad, son decoración de yeso, no estructura. Son arcos calados, tímidamente atravesados por la luz, que cuelgan de la estructura de madera (fig.62). La verdadera estructura del Patio está compuesta por vigas horizontales de madera y columnas de mármol y ladrillo. La arquería que vemos es pura apariencia.

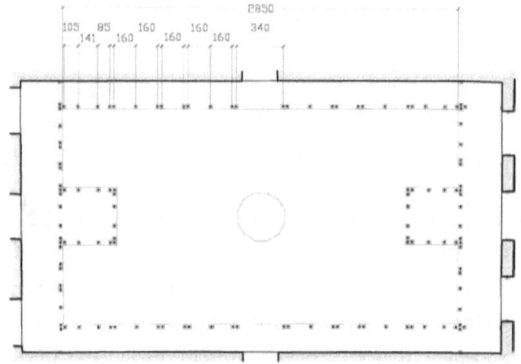

Figura 57. Patio de los Leones

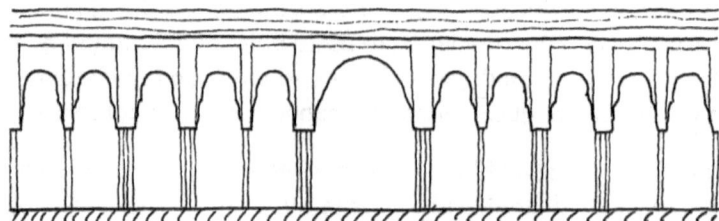

Figura 58. Alzado del pórtico del Patio de los Leones

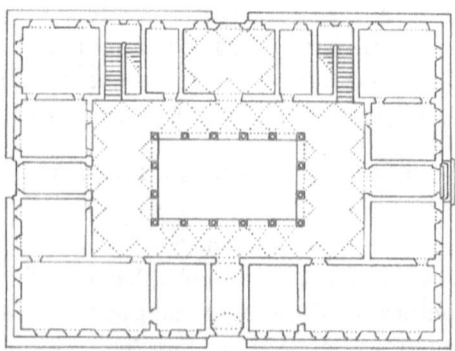

Figura 59. Planta del Palacio Strozzi en Florencia. Benedetto da Maiano

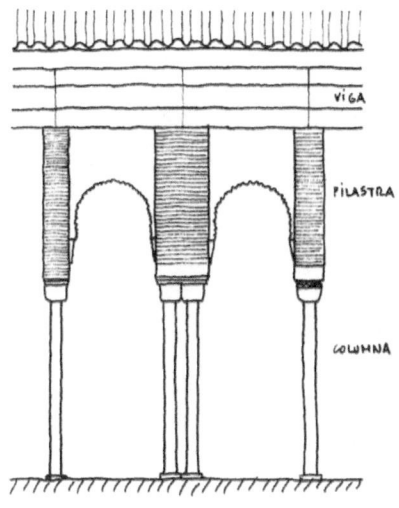

Figura 60. Imposta de ladrillo sobre columna

Figura 61. Imposta de ladrillo que ha perdido la decoración de yeso. Pórtico de los Jardines del Partal, también en la Alhambra. La solución constructiva es igual a la del Patio de los Leones.

Figura 62. Arco calado del Patio de los Leones

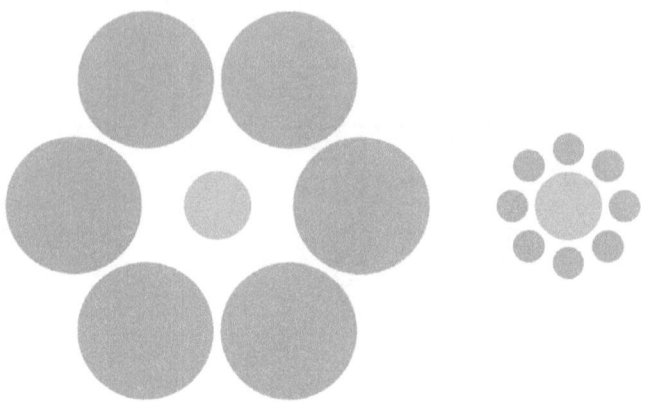

Figura 63. Círculo de Titchener

Oleg Grabar, en su libro sobre la Alhambra, recoge un estudio de Georges Marcais que concluye que la intención de los arquitectos de este patio era simular un espacio mucho mayor de lo que realmente es [4]. Probablemente con ese propósito se modificaron las proporciones, no sólo de las columnas, sino también de los intercolumnios, que tienen de media 1,6 metros de anchura, muy poco si los comparamos con los intercolumnios de 3,3 metros del vecino Patio de los Arrayanes. Esos intercolumnios son intencionadamente estrechos y verticales, y lo que se acaba consiguiendo es multiplicar sin necesidad el número de columnas y alterar la escala del espacio. El patio parece más grande porque las arcadas que lo delimitan son estrechas. Este efecto de la Psicología de la Percepción se conoce como ilusión de Ebbinghaus, y se entiende bien gracias a la figura de los círculos de Titchener (fig.63). El mismo círculo parece más grande cuando se rodea de círculos pequeños, y más pequeño cuando se rodea de círculos grandes [5].

En total, en el Patio de los Leones hay setenta y dos arcos. Demasiados para sus dimensiones relativamente pequeñas. Si se hubiera recurrido a un intercolumnio más usual, de alrededor de 3 metros, con treinta arcos se podrían haber cubierto perfectamente los cuatro lados del patio. Pero aún hay más. Gracias al agrupamiento y multiplicación de columnas, los setenta y dos arcos se sustentan sobre ciento veinticuatro columnas. Es

Figura 64. Bosque de columnas. Fotografía antigua del Patio de los Leones

decir, de las treinta columnas que hubieran sido necesarias pasamos a ciento veinticuatro. Cuatro veces más columnas de las necesarias. Lo que estamos viendo es un auténtico bosque de columnas (fig.64).

Si sumamos la multiplicación y agrupación de pequeñas columnas, su disposición estudiadamente alterada, los intercolumnios variables y más pequeños de lo normal, o la ausencia de una estricta simetría, comprobamos que efectivamente la intención del arquitecto era construir un espacio ilusorio. Como en Dos Hermanas o en Comares, se da más importancia al efecto ilusorio que a la comprensión de la estructura real del patio. La ilusión espacial se pone por delante de la idea de sustentación y gravedad. Aquí no se muestra la idea de sustentación. No encontramos en este patio la serenidad del peristilo griego, sino una llamada constante que no deja descansar la mirada.

Desde luego, lo que no se puede argumentar, es que las columnas se han multiplicado por su falta de resistencia. La carga que recibe la columna más solicitada del patio es 1,56 toneladas (15,656 kN), frente a su capacidad resistente, que es de 103,75 toneladas para una carga en compresión simple y centrada (1037,48 kN). Es decir, su resistencia es casi 70 veces superior a su solicitación (fig.65).

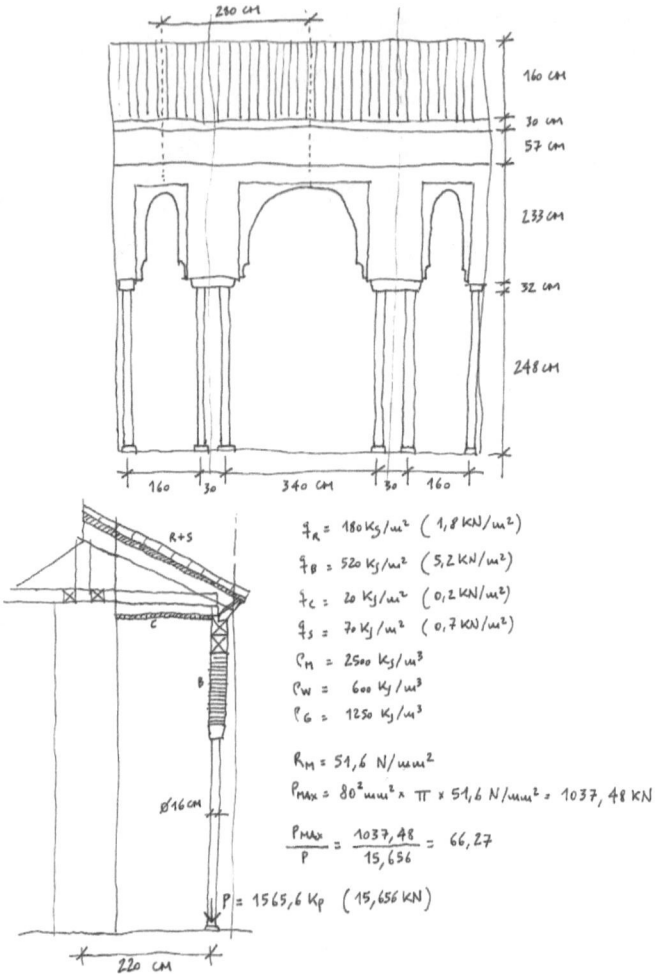

Figura 65. Cálculo de la columna del Patio de los Leones. El peso que soporta una columna, en el caso más desfavorable, es P = 15,656 kN. Para llegar a este resultado hay que tener en cuenta los siguientes datos: El peso de la cubierta de teja, incluyendo el tablero, q_R = 1,8 kN /m². El peso de una fábrica de ladrillo macizo de un pie de espesor, q_B = 5,2 kN /m². El peso del falso techo de escayola, q_C = 0,2 kN /m². La sobrecarga de nieve, q_S = 0,7 kN /m². La densidad del mármol macael, ρ_M = 2500kg/m³. La densidad de la madera, ρ_W = 600kg/m³. La densidad de la escayola que forma los arcos, ρ_G = 1250kg/m³. La carga de rotura a compresión centrada es P_{MAX} = 1037,48 kN, casi 70 veces superior al peso real que soporta la columna en la situación más desfavorable, teniendo en cuenta que la resistencia a la compresión del mármol macael es, R_M = 51,6 N/mm². Este dato se ha obtenido de la tesis doctoral de María Paz Sáez Pérez. Estudio de los Elementos arquitectónicos y composición de materiales del Patio de los Leones (Departamento de Construcciones Arquitectónicas, Universidad de Granada: 2004) pg. 111. En la citada tesis se estudian también los axiles de rotura con carga excéntrica. Con 2,25 cm de excentricidad, la carga de rotura sería 656 kN (Ibidem, pp. 80-118)

La suspensión en el aire y la desmaterialización de la estructura

La desmaterialización de los elementos portantes, el uso de falsos elementos estructurales y el cambio de proporciones de la estructura con fines ilusorios, son tres herramientas propias de la arquitectura islámica. Pero si seguimos estudiando la Historia de la Arquitectura encontramos nuevos ejemplos y nuevas formas de estructuras ilusorias. Como el caso de la columna flotante de San Juan de Samarcanda (fig.66).

El milagro de esta columna lo cuenta Marco Polo en su *Libro de las Maravillas [6]*. Los sarracenos, que tenían por entonces el dominio de la ciudad, reclamaban a los cristianos la devolución de la piedra que servía de base a una de sus columnas: *"Y se produjo el milagro que os voy a contar. Sabed que cuando llegó la mañana del día en que la piedra debía ser devuelta, y cuando los sarracenos fueron a la iglesia a recogerla, la columna, que estaba sobre la piedra, por voluntad de nuestro Señor se aparta de la piedra y se eleva lo menos tres palmos y se sostiene de esta forma perfectamente, como si la piedra siguiera estando debajo, sosteniendo su carga con el pie en el aire. Y de esta manera, los sarracenos pudieron llevarse la piedra".*

Y la iglesia de San Juan de Samarcanda se mantuvo en pie con la columna en el aire. Aunque se trate de una leyenda, la columna sin base flotando en el aire nos presenta la idea del elemento estructural que quiere fingir ligereza, la idea de la estructura que está en suspensión porque, de algún modo, ha engañado a la Gravedad. Y esta ilusión estructural es una de las ideas universales de la Arquitectura.

El milagro de la Gravedad, la idea de disponer los pesos en el aire, es lo que muchos arquitectos han querido construir a lo largo de la Historia de la Arquitectura.

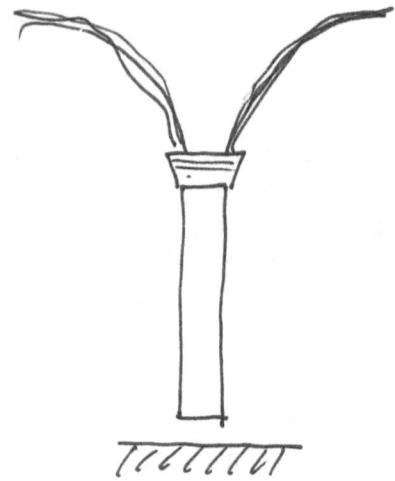

Figura 66. Columna flotante de la Iglesia de San Juan de Samarcanda

Santa Sofía

La cúpula de la Iglesia de Santa Sofía, en Estambul, tiene una clara voluntad de permanecer suspendida en el aire (fig.67). Fue construida entre los años 532 y 537 d.C., y reconstruida y reforzada en el 546 d.C. tras un derrumbamiento. La basílica se cubre con una superestructura abovedada. En su centro, cuatro amplios arcos de 30 metros de diámetro sostienen una cúpula central de ladrillo, también de 30 metros de diámetro, y elevada sobre pechinas a 40 metros del suelo. A ambos lados de esta cúpula central, en la dirección longitudinal, hay dos semicúpulas más bajas, una de ellas sobre el presbiterio, y la otra sobre la zona de entrada, que reciben los empujes de la primera. Y éstas a su vez transmiten sus empujes a unas capillas cilíndricas situadas en sus extremos, de dos plantas, columnadas y cubiertas a su vez con otras semicúpulas. De esta manera, los enormes empujes de la gran cúpula de Santa Sofía se van contrarrestando, en la dirección longitudinal, con elementos

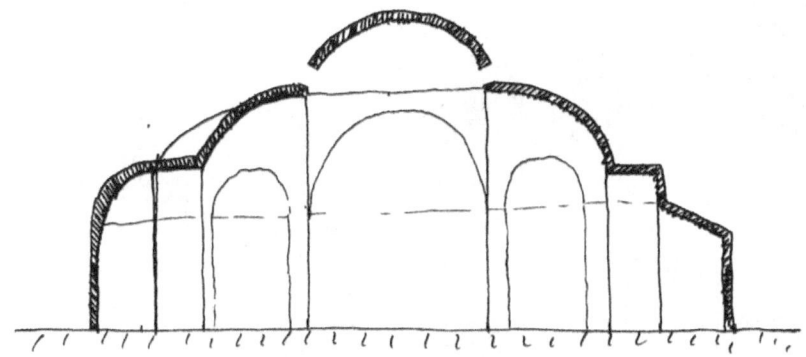
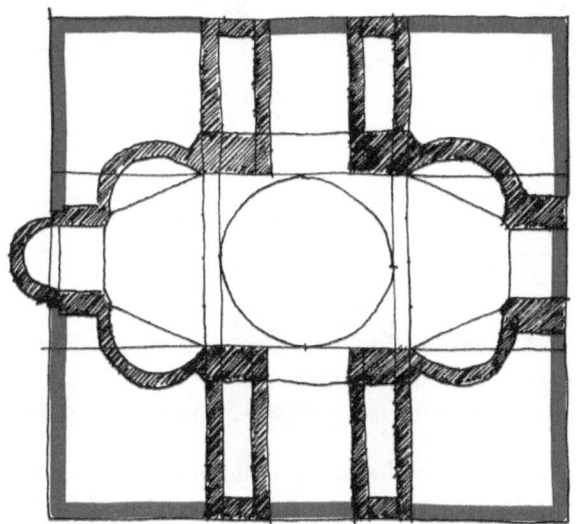

Figura 67. Planta y sección de Santa Sofía

Figura 68. Cúpula de Santa Sofía

Figura 69. Omisión de elementos sustentantes en Santa Sofía

que a su vez van construyendo un gran espacio diáfano. En la dirección transversal, sin embargo, los empujes se contienen con cuatro enormes contrafuertes, de 7x19 metros de planta y 40 metros de altura.

Los arquitectos de Santa Sofía podrían haber convertido esta mecánica estructural en protagonista de su arquitectura. Podrían haber hecho como muchos arquitectos del Gótico, que aluden en la imagen de sus bóvedas y cúpulas a su mecánica estructural. Y, sin embargo, prefirieron fingir una cúpula sostenida por la luz y el aire, y horadaron su base por más de cuarenta ventanas (fig.68).

La luz es un mecanismo básico para simular la ligereza de una estructura. La luz aligera todo lo que toca. Y otro mecanismo básico es la omisión de los elementos sustentantes. Sólo lo que pesa necesita de un soporte, y si no hay soporte, es porque no hay peso. Cuando miramos la cúpula de Santa Sofía en la dirección longitudinal de la basílica, vemos cómo su enorme peso se transmite a un único punto suspendido en el aire: la clave de un enorme arco (fig.69). En cuanto a los contrafuertes que contrarrestan los empujes de la cúpula en la dirección transversal, no se hacen evidentes, ni en el interior, ni en el exterior del edificio. Por dentro, las arquerías que separan la nave central de las laterales se enrasan con estos enormes machones, que se pierden en la continuidad del muro. Y en el exterior, los contrafuertes se integran en la fachada, enrasándose con su plano. No tienen la buscada presencia del contrafuerte gótico.

Además, para acentuar el efecto de suspensión en el aire, se recubre la superficie de la cúpula con mosaicos dorados que reflejan la luz. De esa manera se consigue aligerar visualmente su superficie. No hay más que comparar la cúpula de Santa Sofía con una cúpula sin revestir del cercano Palacio de Topkapi. La primera es ligera y luminosa mientras que, la segunda, que ha perdido todo su revestimiento, nos muestra el aparejo del ladrillo, la pesantez y la gravedad de un material que absorbe la luz en vez de reflejarla (fig.70).

El aligeramiento de los elementos estructurales, su desmaterialización, y la omisión de la transmisión de la carga por la ocultación de los elementos sustentantes, se unen en Santa Sofía para configurar una cúpula que aparenta estar suspendida en el aire. En Santa Sofía no se pretende mostrar la idea de sustentación. Aquí se trata de expresar la idea de un espacio continuo, diáfano, sublime. Sin gravedad.

Cuando una idea es universal, se va transmitiendo de generación en generación. Y aquí estamos ante una idea que es universal: la suspensión del peso en el aire, la ingravidez, la desmaterialización de los elementos sustentantes. Una idea que puede ser utilizada en cualquier época de la Historia, con cualquier sistema constructivo, en cualquier lugar. Podemos encontrar muchos otros ejemplos.

La cúpula de la Capilla Pazzi, en Florencia, de Brunelleschi, aparentemente no toca los cuatro arcos sobre los que descansa. El encintado de piedra gris que perfila la base de la cúpula no interseca con los arcos, también en *pietra serena* gris (fig.71).

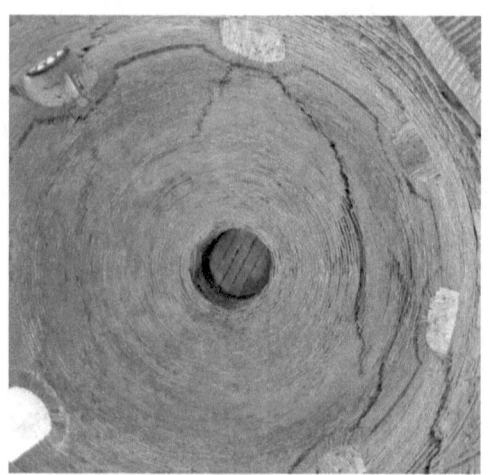

Figura 70. Cúpula sin revestir del Palacio de Topkapi

El anillo de la cúpula de la Iglesia de San Lorenzo, en Florencia, tampoco toca los arcos que la sustentan (fig.72). Y a su vez, estos cuatro arcos de *pietra serena* color gris parecen no apoyar sobre los machones del crucero. Una cinta de enlucido blanco recorre horizontalmente la transición entre arco y pilastra, en contra del criterio general de revestir los elementos estructurales con *pietra serena*. El enlucido blanco interrumpe la transición entre arco y pilastra, queriendo anular el punto de apoyo.

En el Baldaquino de San Pedro del Vaticano, Bernini utiliza cuatro columnas salomónicas que no parecen ser de piedra [7]. En estas columnas la dureza de la piedra se transforma en blandura por un efecto de la geometría, de la forma. Sólo un material blando puede retorcerse como lo hacen estas columnas helicoidales. Lejos de esta idea, la robustez y rigidez de la piedra. Y además, la columna salomónica manifiesta un rodeo de la Gravedad a su paso por la columna. Aunque las cargas descienden por su eje vertical, la apariencia es que su camino es más bien un rodeo en forma de hélice (fig.73).

El anillo del tambor no toca los arcos de sustentación.

Figura 71. Cúpula de la Capilla Pazzi

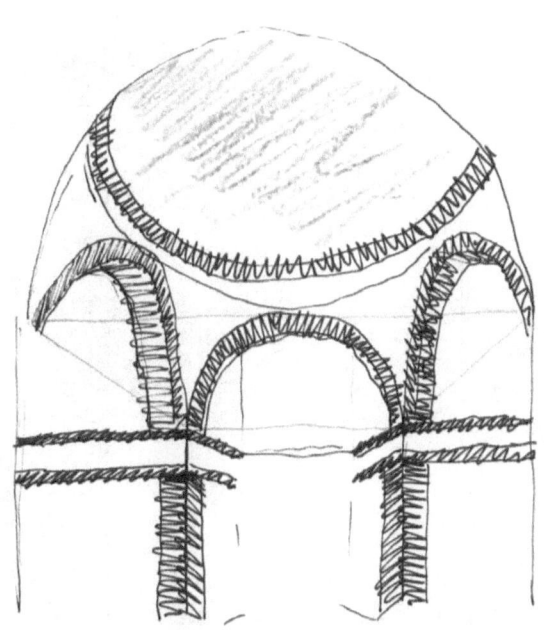

Figura 72. Cúpula de la Iglesia de San Lorenzo

Figura 73. Baldaquino
de San Pedro del Vaticano

Figura 74. Cúpula
de San Carlino alle Quattro Fontane

Figura 75. Cúpula de la Capilla del Bosque de Estocolmo

La cúpula ovalada que Borromini diseña para la Iglesia de San Carlo alle Quattro Fontane, en Roma, descarga sobre las claves de cuatro arcos, cuatro puntos que están en el aire, en el más puro vacío. Es una cúpula de luz que parece suspendida en el aire (fig.74).

Por último, la falsa cúpula de la Capilla del Bosque de Estocolmo, de Erik Gunnar Asplund, una semiesfera de 7 metros de diámetro sostenida por ocho columnas. Es extraño ver una cúpula apoyada sobre columnas, sin contrafuertes. Y es que, en realidad, se trata de una cúpula de escayola sobre una armadura de madera que permanece oculta. No es una verdadera cúpula trabajando a compresión. No es una cúpula que transmita esfuerzos horizontales a sus apoyos. Y de hecho las columnas parecen no tocar el techo. Un rehundido en el ábaco, como un foso, dibuja una línea de sombra en el contacto entre el capitel y el falso techo (fig.75).

Todas estas arquitecturas quieren aparentar ligereza. Quieren permanecer suspendidas en el aire, sin tocar tierra. Henchidas de vida por el arquitecto que les dio forma, han heredado el deseo eterno del hombre de despegar del suelo y volar.

LA POÉTICA ESTRUCTURAL DE MIES VAN DER ROHE

Como hemos visto, la Historia de la Arquitectura nos demuestra que hay tres maneras de pensar la estructura:

- Estructuras vistas.
- Estructuras ocultas.
- Estructuras ilusorias.

Estas tres categorías son independientes de la mecánica de la estructura. La mecánica estructural del Partenón es muy diferente a la mecánica estructural de la Sainte Chapelle y, sin embargo, ambas pertenecen a la categoría de Estructuras vistas.

Estas tres categorías son independientes del momento histórico, pues hemos visto dentro de cada una de ellas edificios que pertenecen a épocas diferentes. La cúpula de Dos Hermanas es una estructura ilusoria, como también lo es la estructura de la Capilla del Bosque de Asplund, y ambas estructuras están separadas por más de seis siglos de historia.

Estas tres categorías son independientes del sistema constructivo. El peristilo del Partenón es un sistema de columna y viga, lo mismo que la arcada del Patio de los leones es un sistema de columna y viga. Pero el peristilo del Partenón es una Estructura vista, mientras que en el Patio de los Leones tenemos una Estructura ilusoria.

Estas tres categorías son, por tanto, categorías universales para el análisis que no pertenecen a una época concreta, no pertenecen a una mecánica estructural concreta, ni pertenecen a un sistema constructivo concreto.

Cuando el arquitecto pone la estructura a la vista quiere expresar la Gravedad por encima de todas las demás ideas.

Cuando el arquitecto oculta la estructura quiere dejar la Gravedad en un segundo plano y, a cambio, toma protagonismo otra idea como por ejemplo la Luz o el Espacio.

Cuando el arquitecto recurre a efectos ilusorios en su estructura quiere, o bien expresar la ausencia de la Gravedad, la suspensión de una carga en el aire, o bien expresar una ilusión del espacio.

Vamos a ver a continuación cómo el arquitecto alemán Mies van der Rohe (Aquisgran 1886 - Chicago 1969) aprendió y utilizó estas tres maneras de pensar la estructura.

BREVE HISTORIA DE CÓMO MIES DESCUBRIÓ LA ESTRUCTURA

Las primeras casas

En 1907 Mies construyó su primera obra, la Casa Riehl (fig.76), una casa clásica de planta rectangular con estructura de muros de carga de ladrillo, revestidos con mortero de cal, y cubierta inclinada. Aunque desde 1890 se habían empezado a construir en Europa edificios con estructura de hormigón armado [1], y desde 1880 los primeros rascacielos con estructura de acero en América [2], lo cierto es que el uso del hormigón y del acero todavía no se había generalizado, por lo que Mies empleó en sus primeras obras métodos constructivos tradicionales.

En el exterior de la casa observamos la huella de una estructura que parece querer mostrarse. En la fachada longitudinal destaca el dibujo en bajorrelieve de unas pilastras, situadas en los testeros de los muros de carga transversales. Y en la fachada lateral, la que da al lago Griebnitz, se muestran los machones y el arquitrabe del porche, en semisombra. El primer mecanismo nos recuerda a la articulación del muro de fachada que emplearon los arquitectos de la Roma clásica y del Renacimiento [3]: una estructura en bajorrelieve, ornamental, ordenando un muro. El segundo mecanismo nos recuerda a la clásica herramienta griega del peristilo en los espacios semiabiertos que rodean a los templos. Pero en esencia, esta primera vivienda de Mies es un claro ejemplo de casa con estructura oculta. No hay ninguna pista de su realidad estructural. No se ve el aparejo de ladrillo, la formación de los dinteles, ni el espesor de los muros. Tampoco el arranque de los muros, ni el armazón de madera que conforma la cubierta.

Este esquema de casa compacta, simétrica y compartimentada, con estructura de muro de carga de ladrillo y cubierta inclinada, sirvió de modelo para toda una serie de casas posteriores (fig.77): la casa Perls (Zehlendorf, Berlín, 1911), la casa Werner (Berlín, 1913), la casa Warnholtz (Heerstrasse, Berlín, 1913), la casa Urbig (Potsdam, 1917), la casa

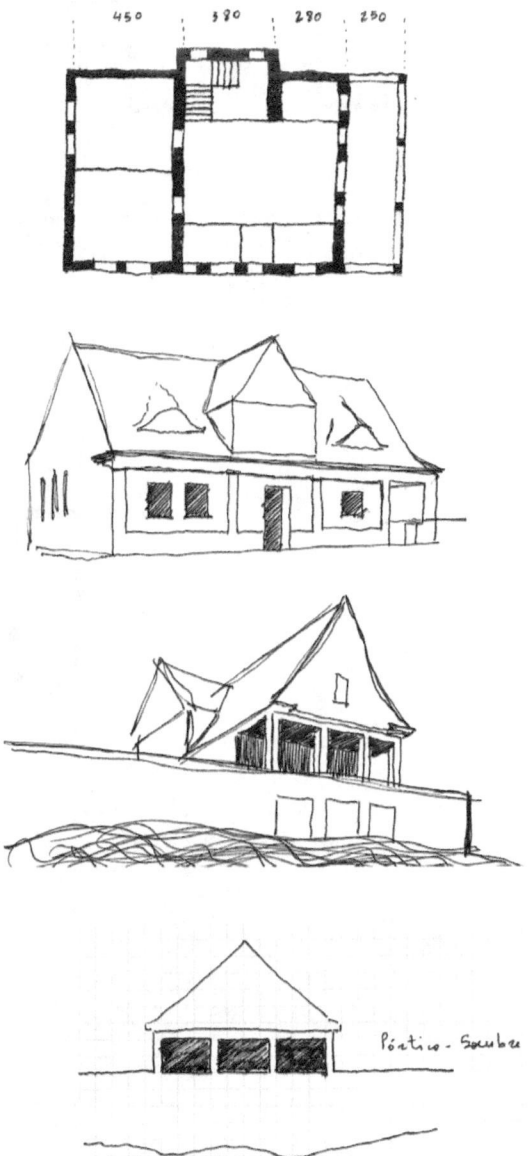

Figura 76. Casa Riehl, Mies van der Rohe.

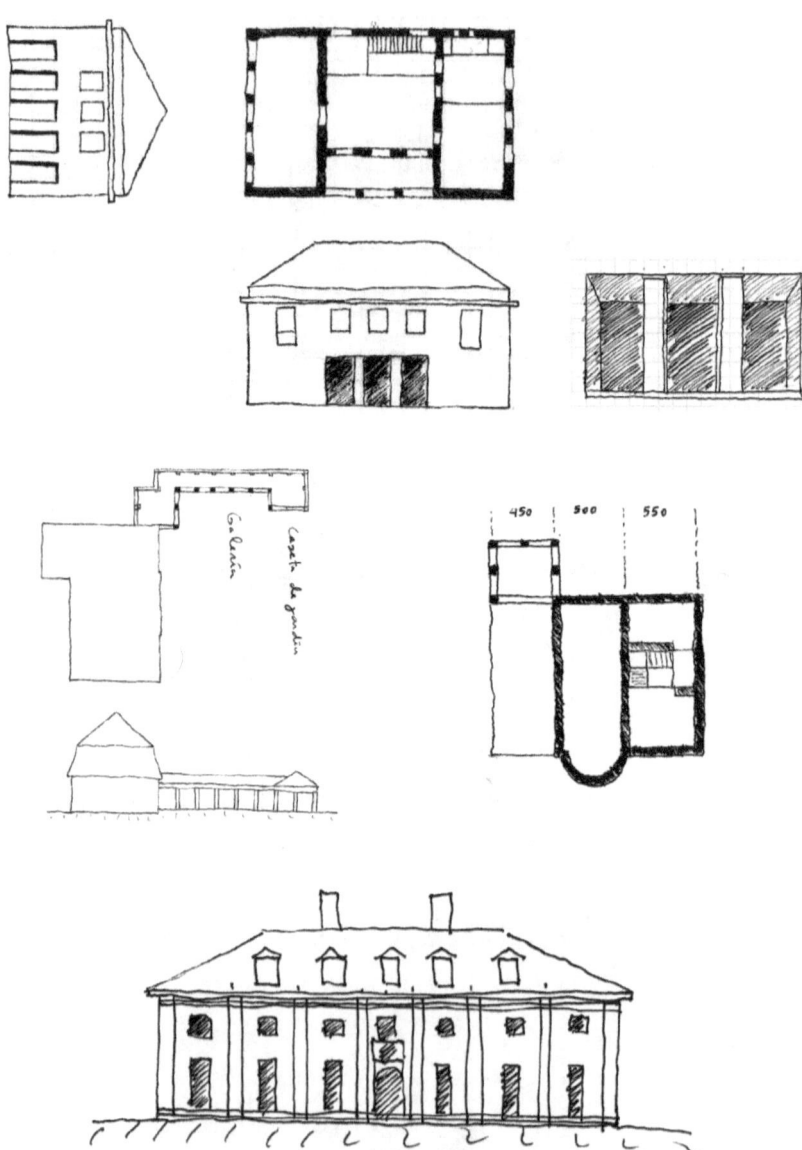

Figura 77. Casas Perls, Werner, Urbig y Eichstaedt. Mies van der Rohe.

Feldmann (Berlín, 1922) y la casa Eichstaedt (Berlín, 1922). Todas estas casas presentan una estructura de muros de carga de ladrillo oculta tras el revestimiento, con la única referencia al exterior de la decoración en bajorrelieve, o los pórticos de paseo y estancia al aire libre. Sólo en la casa Mosler, construida en Potsdam en 1924, vemos una solución de muro de carga con ladrillo a la vista, sin revestir, y con los dinteles de piedra o de ladrillo a sardinel enfatizando la singularidad constructiva de los huecos en el muro (fig.78). Esta idea del aparejo visto, que Mies intentó por primera vez en el proyecto no construido de la casa Kempner (Berlín, 1919), es consecuencia de su admiración por la claridad y honestidad constructiva del maestro holandés H.P. Berlage [4]. Y es su primer paso hacia el descubrimiento de la estructura.

La desocultación del acero

Al tiempo que Mies construye sus casas clásicas, compactas, simétricas, con estructura de muro de carga de ladrillo y cubierta inclinada, estudia nuevos proyectos en los que se disuelve parcialmente la compacidad y la simetría, y en los que la cubierta plana sustituye a la cubierta inclinada. Este cambio compositivo, en un principio, no implicó un cambio en la estructura pero, con el tiempo, el muro de carga de ladrillo dio paso a una estructura mixta de ladrillo y acero, o de hormigón armado.

En 1927 construyó su primera casa moderna, la casa Wolf, en Guben. Situada en la parte alta de un solar estrecho y alargado que cae en una serie de terrazas hacia el río Neisse, la casa se compone de un juego escalonado de volúmenes de ladrillo visto con una disposición asimétrica en planta, de triple L, y una gran zona de estar continua que atraviesa la vivienda de este a oeste. Esta sala de estar es el primer gran espacio continuo que Mies construye, y se prolonga al exterior con dos grandes losas voladas, una hacia el patio de acceso a la vivienda y otra a la terraza principal (fig.79).

Para entender mejor lo que supone la casa Wolf, vamos a compararla con la casa Mosler, construida tres años antes. La estructura de la casa

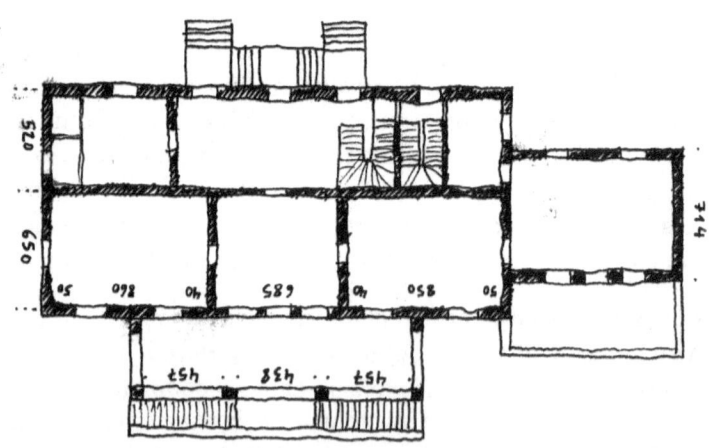

Figura 78. Casa Mosler. Mies van der Rohe.

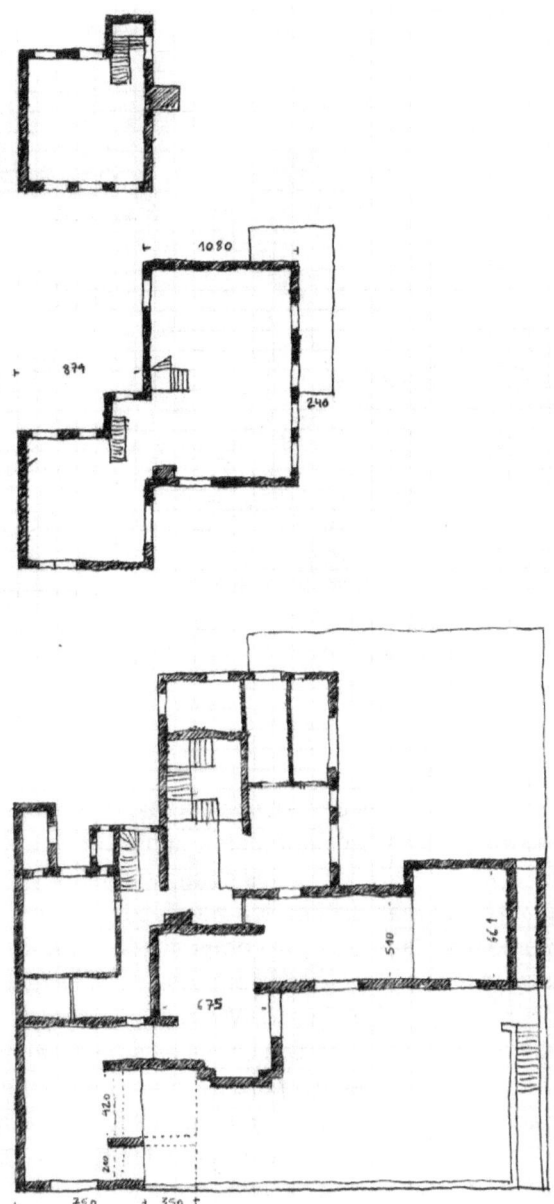

Figura 79. Casa Wolf. Mies van der Rohe.

Figura 80. Casa Wolf. Fotografía del porche

Wolf, con la excepción de sus dos losas voladas, no es en esencia muy diferente a la estructura de la casa Mosler; una rotunda caja de ladrillo. Pero la forma y el espacio de estas dos casas sí son muy diferentes. Frente al compacto volumen prismático y simétrico de la casa Mosler, el juego de volúmenes dispersos y la composición asimétrica de la casa Wolf. Frente a los espacios compartimentados de la casa Mosler, los tres espacios concatenados de la casa Wolf, que son tres rectángulos en intersección. La estructura en ambos casos es similar: el muro de carga de ladrillo ayudado por la subestructura de acero de los dinteles. Incluso el aparejo de ladrillo es el mismo en ambos casos, un aparejo gótico que va alternando las sogas y los tizones en todas las hiladas. La expresión de la estructura, sin embargo, es muy diferente en las dos casas. En la Mosler se muestran los dinteles, pero en la Wolf la subestructura que permite la formación de los huecos permanece oculta. Y el ladrillo, con sus hiladas horizontales, pasa por encima de las ventanas como por arte

Figura 81. Casa Wolf. Fotografía desde el río

de magia. Por otro lado, está la losa volada en la terraza principal de la Wolf. Esta losa necesita de una viga de canto que soporte el voladizo. Y la viga se hace evidente cuando uno mira la casa desde la terraza, pero no cuando la mira desde el río (fig. 80 y 81). En el alzado principal de la vivienda la viga de canto desaparece, porque se retranquea y permanece oculta en la sombra. En este alzado Mies no quería mostrar el canto de la viga, sino la presencia abstracta de un forjado blanco que simplemente descansa sobre el muro de ladrillo. Mies es plenamente consciente de que los nuevos materiales, el acero y el hormigón, le permiten formar grandes huecos y voladizos. Sabe que los nuevos materiales producen un cambio espacial y también formal. Y sabe que la imagen de la arquitectura está cambiando. Pero todavía está madurando cómo la nueva estructura se manifiesta al exterior. De momento, los elementos de acero permanecen ocultos en el ladrillo, o forrados con escayola y cemento blanco.

Otra diferencia importante de la casa Wolf con respecto a la casa Mosler, es la colocación de las ventanas a haces exteriores, lo que provoca que el gran espesor de los muros de ladrillo, 65 cm en el sótano y 50 cm en el resto de las plantas, no se haga patente en el exterior. No sólo el acero permanece oculto en esta casa, sino que además la masa de ladrillo, aparentemente, se aligera, como si fuera una piel continua más que un muro de carga. De alguna manera hay un ocultamiento de la estructura. El tratamiento del ladrillo en la casa Wolf es más plástico que expresivo [5].

Comienza a adivinarse un diferente tratamiento de la estructura en las obras construidas por Mies. En el bloque de viviendas de la Weisenhofsiedlung de Stuttgart, construido también entre 1925 y 1927, la estructura aparece parcialmente vista en la fachada, como pinceladas de delgados soportes que se alternan entre los grandes huecos horizontales (fig.82). Es la primera estructura reticular de acero que construye Mies y, en la fachada, las columnas quedan embebidas por el ladrillo y el revoco de cemento y pintura blanca. Pero no será hasta las casas de Krefeld, construidas entre 1927 y 1930, cuando Mies deja por primera vez a la vista, por completo, una columna de acero en fachada (fig.83). Las casas Esters y Lange, cuasi gemelas, continúan los sistemas compositivos de la casa Wolf; plantas asimétricas, concatenación y continuidad de los espacios, huecos grandes [6] y elementos en voladizo. Y también continúan el sistema estructural, un sistema mixto formado por muros de carga de ladrillo y subestructura de acero. El tratamiento del ladrillo es similar al de la casa Wolf, como si de una piel de ladrillo se tratara, más que un muro masivo con capacidad portante. También aquí las ventanas se colocan a haces exteriores, ocultando el enorme espesor del muro. Y también el ladrillo pasa como si nada por encima de los huecos, sin expresión del dintel (fig.84).

Pero como decíamos, ésta es la primera vez que Mies coloca un pilar de acero exento (fig.85). Las grandes losas voladas de los porches, que en ambas casas sirven de acceso al jardín, están sustentadas por un pilarillo de sección cuadrada, ligeramente retranqueado respecto al borde de la losa blanca y pintado de color negro, de manera que, por medio del contraste, la losa blanca parece quedar suspendida. El perfil de acero intenta quedar en un segundo plano, pero ahí está, a la vista de todos.

Figura 82. Edificio de viviendas de la Weissenhofsiedlung. Alzados

Figura 83. Fachada al jardín de la casa Esters. A la derecha, el porche con la columna exenta.

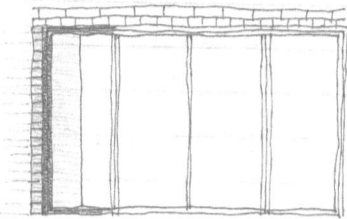

Figura 84. Ventana tipo de las casas de Krefeld, casi en el plano de la fachada, y con la hilada horizontal de ladrillo sobre el dintel.

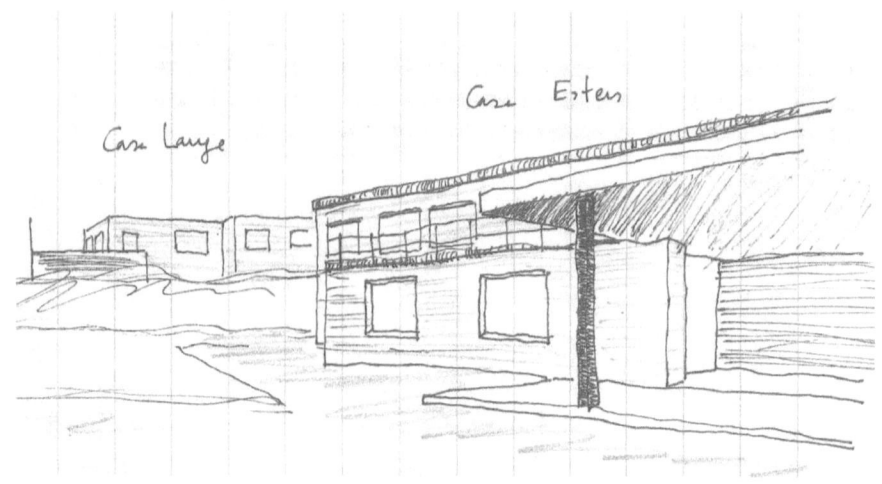

Figura 85. Columna exenta en el porche de la casa Esters.

Figura 86. Ventanas con parteluces
en las casas de Krefeld

Figura 87. Dintel de acero visto
en la casa Esters

Seguramente, para Mies, esta columna carecía de importancia. Fijémonos que no la coloca en la esquina de la losa, sino desplazada. Y que no tiene basa ni capitel, ni punto de arranque, ni viga visible que descanse sobre ella. Y sobre todo, fijémonos en su color oscuro. Para Mies estaba muy reciente el plano blanco y continuo del bloque de viviendas de la Weisenhofsiedlung, con esas porciones de columna vibrando en la fachada por su contraste con las ventanas en sombra. En este caso, el único plano blanco que quiere destacar es el de los techos de los porches, y nada más. La columna exenta de las casas de Krefeld es una columna necesaria, pero ¿es una columna deseada?

Hay más lugares de estas casas de Krefeld en los que el acero, necesariamente, se descubre. Lo encontramos en los parteluces de los grandes huecos rasgados, aunque también pintado en color oscuro, y camuflado entre las carpinterías de las ventanas. Y lo encontramos parcialmente a la vista conformando los dinteles de las ventanas (fig. 86 y 87). Pareciera que en estas casas hubiera una pulsión latente del acero por mostrarse, por hacerse presente, por decirnos que la época del ladrillo toca a su fin. Qué lucha tan hermosa y tan silenciosa entre el ladrillo y el acero. Cómo lentamente Mies va asumiendo el lenguaje de la estructura moderna.

La retícula estructural aparece

La casa Tugendhat, construida en Brno entre 1928 y 1930, es la primera vivienda unifamiliar en la que Mies emplea la estructura reticular de acero (fig.88). En apenas unos meses, el arquitecto alemán cambia la estructura de muros de ladrillo de las casas de Krefeld por una retícula de columnas de acero a la vista. En septiembre de 1928 Mies viajó a Brno para inspeccionar la parcela, un terreno de unos dos mil metros cuadrados situado en una ladera con vistas al centro de la ciudad. Entre finales de 1928 y principios de 1929 concibió el proyecto, y entre junio de 1929 y diciembre de 1930 la construyó [7].

El programa de la vivienda se organiza en tres plantas. La planta primera, la de acceso, contiene tres áreas; una con el dormitorio principal, otra con

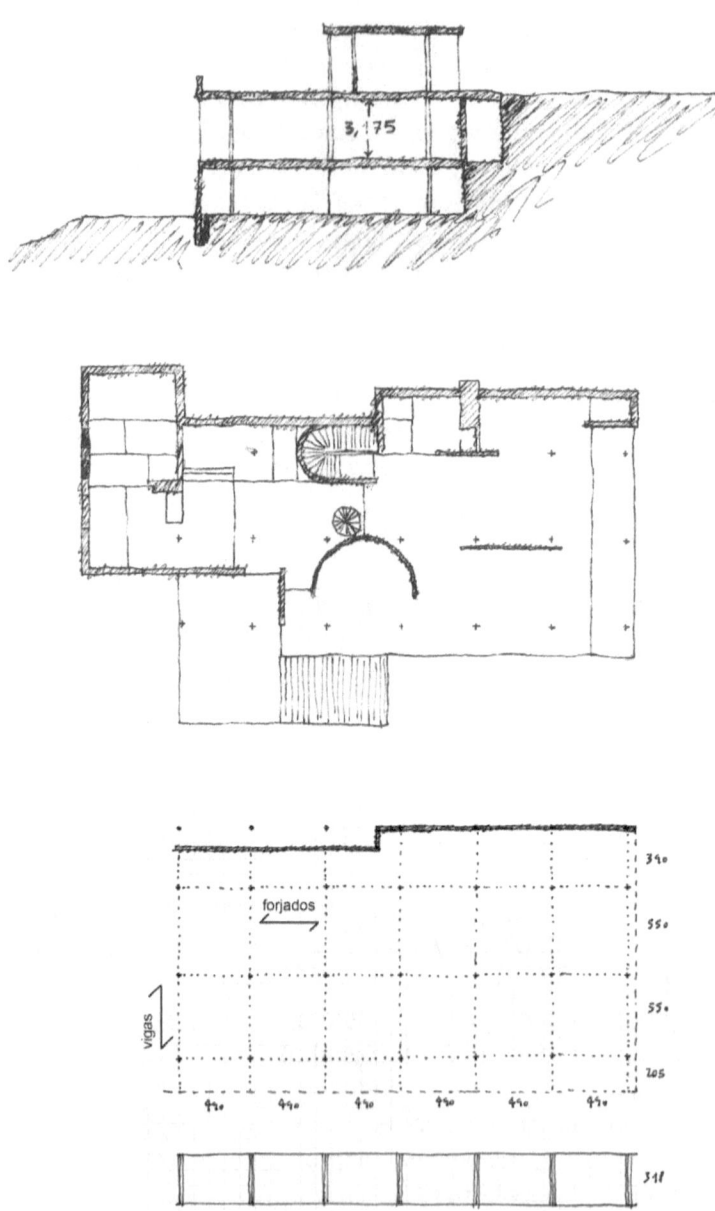

Figura 88. Casa Tugendhat. Sección, planta y esquema estructural

los dormitorios de los niños, y una tercera con la habitación de servicio y el garaje. Entre estos tres recintos se abre una gran terraza. Y entre la zona de los padres y la de los niños se sitúa el vestíbulo de acceso, y una escalera semicilíndrica que conduce a la planta baja. Cuando bajamos los dos tramos de la escalera llegamos a la gran zona de estar, un espacio abierto y en continuidad en el que se acotan zonas para el estudio, la biblioteca, el comedor y el piano. Las alfombras, las cortinas, un fragmento de muro de ónice o una pantalla semicilíndrica de madera de ébano sirven para configurar estas divisiones. Y abrazando toda la estancia, vemos un gran frente acristalado de dos lados, con el lado mayor, de 23 metros de longitud, mirando a suroeste, y el lado menor, de 15 metros de longitud, mirando a sureste y encerrando un invernadero. Todo el ventanal es escamoteable, se esconde a través del suelo en la planta inferior, de manera que, durante el verano, la sala de estar se convierte en un gran porche con excepcionales vistas a la ciudad de Brno.

Por el lado norte de la sala de estar se sale a una terraza que conduce al jardín, y al este, están las zonas de cocina y otras habitaciones de servicio. Por último, en la planta semisótano, están los almacenes y varias zonas de instalaciones y servicio; aire acondicionado, calefacción, sala de revelado de fotografía, lavandería, y el mecanismo para bajar el ventanal de la sala de estar. En línea con las composiciones modernas de Mies, la planta de la casa Tugendhat es asimétrica, dinámica y continua, a pesar de estar estructurada por una retícula de columnas rectangular y ordenada [8].

Cuenta Greta Tugendhat en una entrevista, cuál fue su impresión cuando vio por primera vez las plantas de su vivienda [9]: *"Al comienzo vimos las plantas de una gran sala en la que había dos muros sueltos, uno semicircular y otro recto. Notamos que había pequeñas cruces separadas unos cinco metros entre sí y preguntamos ¿Qué es esto? Mies contestó con calma. Son los soportes de acero que mantienen la estructura. En aquel tiempo no había ninguna casa con ese tipo de estructura, así que puede usted imaginar nuestra sorpresa inicial"*.

Esta estructura, que Mies ensaya tanto en la casa Tugendhat como en el Pabellón de Barcelona, se convirtió en una herramienta básica para sus viviendas de la década de 1930. Es una estructura tipo mesa [10]. Por un lado, el techo, el forjado horizontal (el tablero), y por otro lado las columnas sirviendo de apoyo (las patas). Una mesa de columnas retranqueadas. La estructura está formada por pórticos de acero sobre columnas cruciformes

[11]. Es una estructura unidireccional compuesta por siete módulos en la dirección este-oeste y tres módulos en la dirección norte-sur. La crujía es un rectángulo de 4.90 x 5.50 metros, y no un cuadrado perfecto, como se podría pensar dada la sección de cruz griega de las columnas.

Si Mies hubiera querido reflejar en la forma de la columna la disposición de las vigas del techo, no habría hecho una columna con sección de cruz griega. Esta columna, al tener sus dos brazos de iguales dimensiones, tiene la misma inercia en las dos direcciones. Es una columna isótropa. Pero la losa que descansa sobre ella no es isótropa, sino unidireccional. Son las vigas de los pórticos las que transmiten más cargas y momentos a las columnas. Y lo más riguroso hubiera sido una columna con mayor inercia en la dirección de las vigas. De hecho, si analizamos la inercia de la columna cruciforme, podemos confirmar que los criterios de diseño de esta columna van más allá de lo estrictamente mecánico (fig.89). Esta columna está formada por cuatro perfiles en L de 90 mm de lado y 10 mm de espesor, y tiene una inercia de 1.266,48 cm4. Pero si en vez de la disposición cruciforme, Mies hubiera dispuesto una agrupación en cuadrado, hubiera obtenido una columna con una inercia de 4.024,36 cm4. Es decir, con los mismos elementos, se podría haber conseguido una columna con una inercia cuatro veces superior. Una columna mucho más resistente, simplemente con un cambio de forma. Nuestro arquitecto no está buscando en estas columnas el estricto cumplimiento de la lógica estructural. No está buscando una columna eficiente. Hay algo más, que descubrimos, al analizar los tres tipos de columnas que hay en la casa.

Mies le da un trato diferente a cada columna en función de su ubicación. En las terrazas exteriores las columnas se revisten con una camisa de acero galvanizado de color negro. En la zona de cocina y servicio están sin revestir, y el acero se pinta de blanco. En la gran zona de estar las columnas se revisten con una funda de acero cromado, brillante y reflectante (fig.90).

Las columnas negras tienen voluntad de desaparecer, de quedar en un segundo plano, en la sombra. Arrancan de un suelo blanco y sustentan un techo de color blanco, es decir, son columnas en discontinuidad con el techo y con el suelo. Y son columnas hinchadas, revestidas por una funda que oculta los auténticos perfiles sustentantes.

Las columnas blancas se emplean en los espacios de servicio, las zonas de menos interés de la casa. Estas columnas no se revisten de una camisa

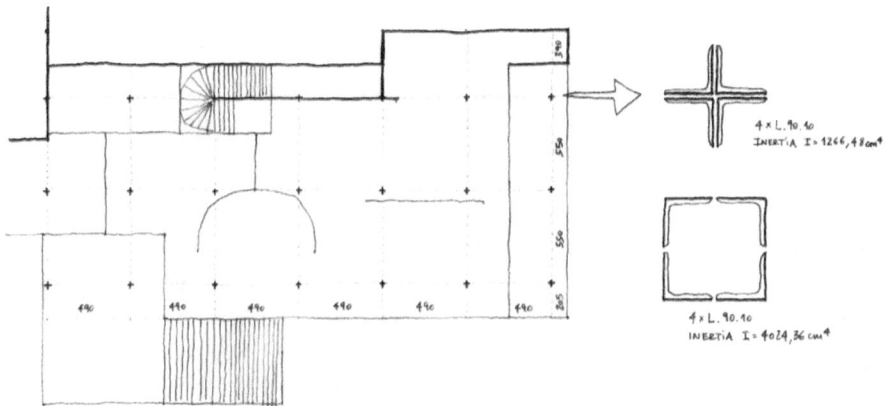

Figura 89. Inercia de la columna cruciforme de la casa Tugendhat y de una hipotética columna cuadrada hecha con los mismos perfiles que forman la cruz.

Figura 90. Columna negra, columna blanca y columna de acero cromado

redondeada. Sus bordes son más afilados. Son más tensas, más expresivas de su función y de su materialidad. Como el techo que sustentan es blanco y el suelo también es blanco, aquí sí hay continuidad, al menos de color, entre techo, soporte y suelo. Estas columnas no tienen voluntad de desaparecer. No ocultan la perfilería que las conforma. Son más verdaderas.

Por último, las columnas con camisa de acero cromado están en el lugar preferente de la casa, la sala de estar. La sección cruciforme provoca un efecto similar al de las acanaladuras de las columnas de la Grecia clásica [12]. El juego de entrantes y salientes produce una desmaterialización de la columna (fig.91). Si a eso le añadimos que los bordes de la cruz son redondeados, y que el material de revestimiento brilla y refleja (no un reflejo perfecto como el de un espejo bruñido, sino un reflejo deformado), el efecto de desmaterialización de la forma se intensifica aún más. Mies quiere que estas columnas sean elementos plásticos que participan del juego de reflejos de la casa, junto a los tubos de acero de los sillones y sillas, los vidrios o el ónice dorado. Quiere tratarlas con ostentación. De hecho, el efecto desmaterializador que emplea el maestro no lleva a las columnas a su ocultación. Cuando estamos en el interior de esta sala, no podemos ignorar la presencia mágica de estas columnas brillantes. Es cierto que su apariencia formal es confusa, pero ahí están, magnéticas, irreales, luminosas. Formando parte del juego del espacio.

Entre el techo blanco de escayola y el suelo blanco de linóleo, se nos aparecen estas columnas interrumpiendo la continuidad de la gravedad. Pareciera que la losa del techo no apoyara en los pilares cruciformes, sino que quedara suspendida sobre ellos. Unos pilares blancos habrían enfatizado la idea de apoyo de una losa que también es blanca, y su transición hasta el suelo blanco. Y de hecho, cuando miramos la casa desde fuera, es cuando mejor se aprecia el efecto de la losa flotando sobre las columnas (fig.92). El techo de la sala de estar se funde con el peto de la terraza y forma un potente dintel blanco que vuela 2,05 metros respecto a las columnas. Aunque desde fuera vemos su brillo, el contacto de éstas con el techo queda en sombra, desaparece.

Qué misterio el de esta casa. Por un lado, Mies propone por primera vez una estructura reticular a la vista. Y por otro lado intenta ocultar la presencia de la estructura y su función portante. Aquí tenemos un claro

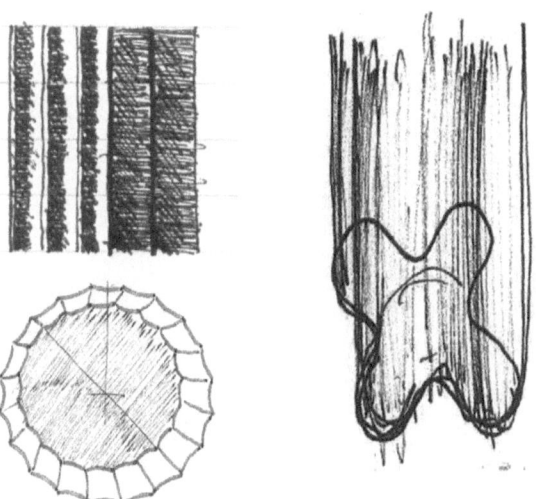

Figura 91. Desmaterialización de la columna de la casa Tugendhat y comparativa con la columna dórica

Figura 92. Vista exterior de la casa Tugendhat en la que se observa la disolución del contacto columna-losa

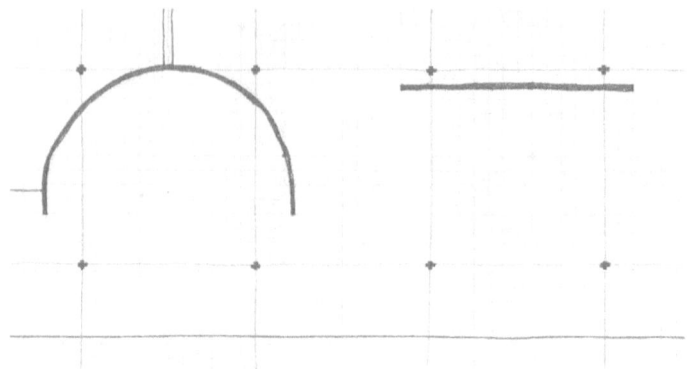

Figura 93. Pantallas ocultando las columnas

caso de poética estructural. Estructura presente y a la vez ausente. Estructura real, pero ilusoria.

Tanto quiere omitir Mies la idea de la sustentación y la estructura, que incluso llega a negar la percepción de la retícula estructural. La historia de la Arquitectura nos muestra ejemplos de salas hipóstilas en las que la percepción de la crujía es muy clara, como la sala hipóstila del templo de Amón en Karnak o la mezquita de Córdoba. En ambos casos las columnas quedan a la vista, y también las vigas y los forjados.

En la casa Tugendhat sin embargo, las vigas están ocultas por el falso techo de escayola, y evidentemente también los forjados. Y además, la disposición de las particiones se hace de manera que nunca cuatro columnas de una misma crujía quedan liberadas. No tenemos aquí la sensación de sala hipóstila. La pantalla de ónice y la pantalla cilíndrica de madera evitan esa lectura (fig.93).

La columna adelantada

En 1938, apremiado por la situación política en Alemania, Mies se traslada a vivir a Chicago para hacerse cargo de la Escuela de Arquitectura del Instituto Tecnológico de Illinois, el IIT. Y coincidiendo con su llegada a América, la columna da un paso adelante. En el Metals Research Building del IIT, su primer edificio construido en América, entre 1942 y 1943, las columnas y vigas de acero que conforman los pórticos estructurales quedan a la vista, plementadas por un cerramiento de ladrillo. Y apenas tres años después, Mies proyecta varios edificios en los que las columnas se sitúan por delante de la fachada y de los forjados. Así ocurrirá, por ejemplo, en el proyecto para el Restaurante Cantor Drive-in, 1945-1946, el proyecto para la casa Cantor, 1946-1947, y en los Promontory Apartments, construidos entre 1946 y 1949 en Chicago, al borde del lago Michigan (fig.94). Aquí volvemos a ver un rasgo de racionalismo estructural. Las columnas están a la vista a lo largo de toda la fachada, como los cantos de los forjados, y su sección se va escalonando, haciéndose más ligeras a medida que ascienden, y más robustas a medida que llegan a la tierra. La forma de estas columnas sí responde a la lógica de la Gravedad. No son más que el corolario del aumento de cargas que soportan a medida que se acercan a la base.

También en la casa Caine, proyectada en 1950, Mies coloca las columnas por delante del forjado (fig.95). Pero será en la casa Farnsworth, proyectada y construida entre 1946 y 1951, donde esta solución alcance su canon. La casa Farnsworth es concebida como un único espacio, diáfano, sin columnas, entre dos planos horizontales. Después de muchos años de viviendas con composiciones libres y asimétricas, Mies regresa a la caja, pero no se trata ya de una caja clásica, sino de una caja moderna de acero y cristal, visualmente en continuidad con el paisaje. Un espacio diáfano y un volumen rotundo, claramente definido por el vidrio. Una casa sostenida por ocho columnas situadas por delante de los forjados [13].

El interior de la vivienda se organiza en torno a un núcleo de cocina, baño e instalaciones ligeramente descentrado, dejando la zona de cocina más estrecha y la zona de estar más amplia. La casa Farnsworth es la casa completamente acristalada que tanto tiempo llevaba Mies persiguiendo, y en esta ocasión el entorno, y la clienta, le permiten llevar a la práctica con toda radicalidad su idea. La sensación de transparencia en la casa es prácticamente total. La relación con el paisaje, absoluta.

Básicamente, la estructura de la casa Farnsworth consiste en ocho columnas con sección en I, de 20x20 centímetros (8 pulgadas), que sostienen dos forjados horizontales: el del suelo, situado a 1,6 metros

Figura 94. Promontory Apartments

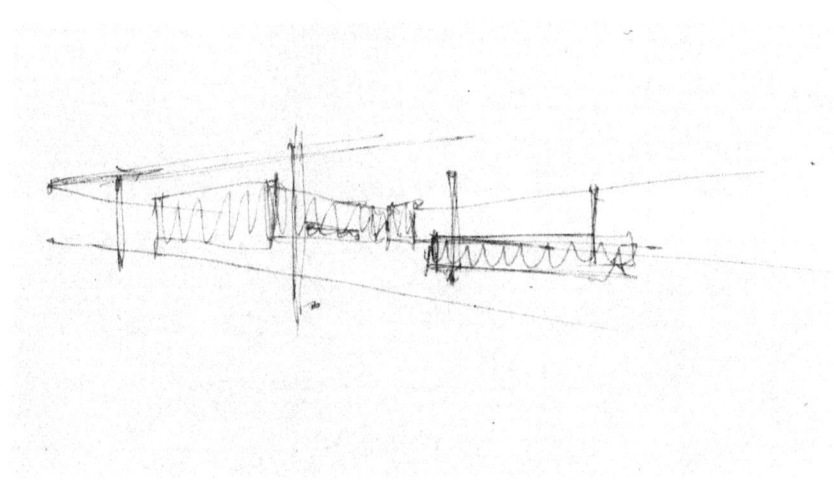

Figura 95. Casa Caine. Dibujo de Mies van der Rohe

sobre el nivel del terreno [14] y el de la cubierta, a 2,9 metros del plano del suelo (fig. 96 y 97). Las columnas se disponen en dos pórticos paralelos separados 8,8 metros. Cada pórtico está compuesto por cuatro columnas, separadas 6,7 metros, y dos voladizos en los extremos de 1,7 metros. Las vigas principales, con sección en C y unos 432 mm de canto (15 pulgadas), se disponen en la dirección longitudinal de la casa y el forjado, compuesto por vigas I de unos 305 mm de canto (12 pulgadas), y dispuestas cada 1,675 metros, en la dirección transversal [15]. Resulta extraño que la luz del forjado sea superior a la del pórtico, pero, como veremos, no es la única singularidad de esta estructura [16].

Una conclusión que extraemos al analizar la estructura de la casa, es que el forjado de cubierta está con diferencia menos solicitado que el forjado de planta baja. Las viguetas de la cubierta están sosteniendo el peso propio del forjado y la sobrecarga de nieve. Las viguetas de planta baja están sosteniendo el peso propio del forjado, la solería, la tabiquería, el cerramiento de vidrio y la sobrecarga de uso. Por eso las viguetas del forjado de planta baja, del tipo 12WF58, tienen una capacidad

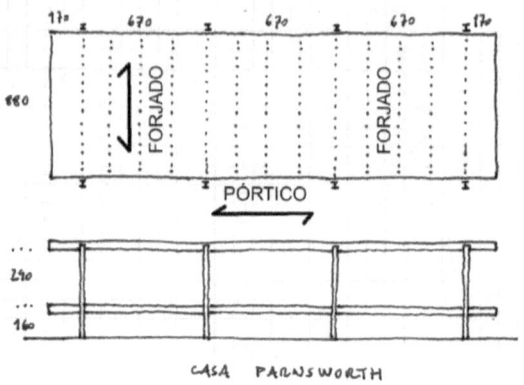

Figura 96. Estructura de la casa Farnsworth

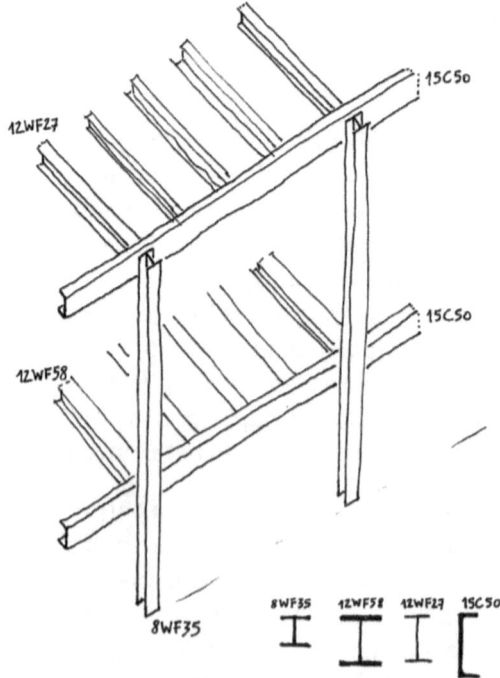

Figura 97. Detalle de estructura de la casa Farnsworth

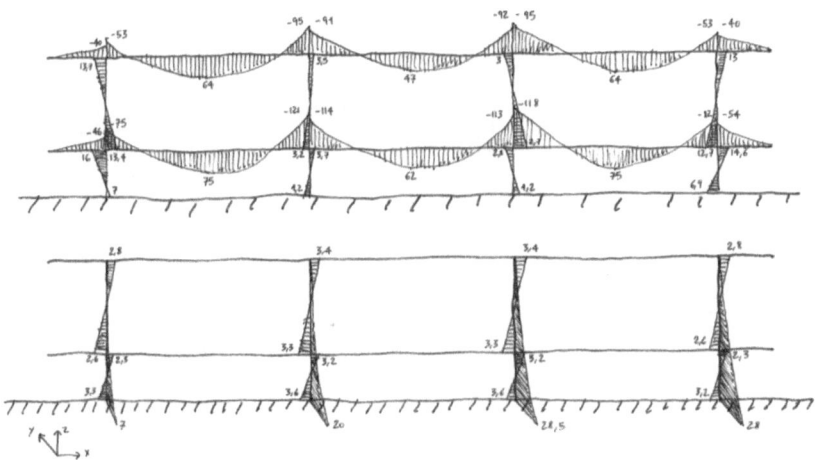

Figura 98. Arriba. Diagrama de momentos producidos por la combinación de cargas gravitatorias en KN.m. Debajo: diagrama de momentos producidos por la carga de viento en las dos direcciones. Se puede observar cómo el momento más desfavorable para las columnas está causado por la fuerza del viento en la dirección Y

resistente muy superior a la de las viguetas del forjado de cubierta, del tipo 12WF27. Sin embargo en ambos casos su alma es muy similar, aproximadamente 305 mm (12 pulgadas). Y esta decisión es trascendental, porque es la que permite a Mies igualar visualmente los dos forjados.

En la casa Farnsworth, la abstracción manda sobre la expresión estructural. La realidad estructural nos dice que el forjado de cubierta soporta menores esfuerzos que el forjado de planta baja y, por tanto, su espesor podría ser inferior al del forjado de planta baja. La realidad estructural nos pide dos forjados de cantos desiguales. Y sin embargo Mies elige que sus dos forjados tengan el mismo espesor. El mismo peso visual. Dos planos abstractos independientes de su diferente situación gravitatoria. Dos planos visualmente intercambiables y, por tanto, universales [17].

El análisis de la estructura con un programa de elementos finitos nos informa de que la posición de las columnas y las vigas es correcta (fig.98). Las columnas se colocan con el alma perpendicular al plano de fachada para resistir los esfuerzos debidos al viento, que son superiores preci-

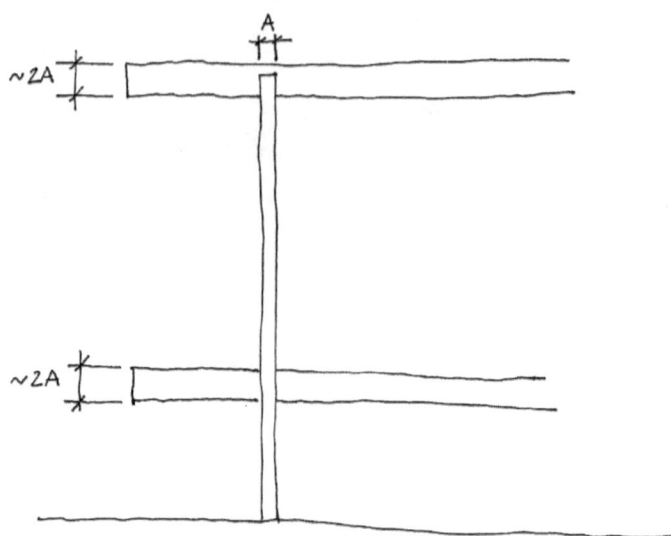

Figura 99. Detalle de alzado

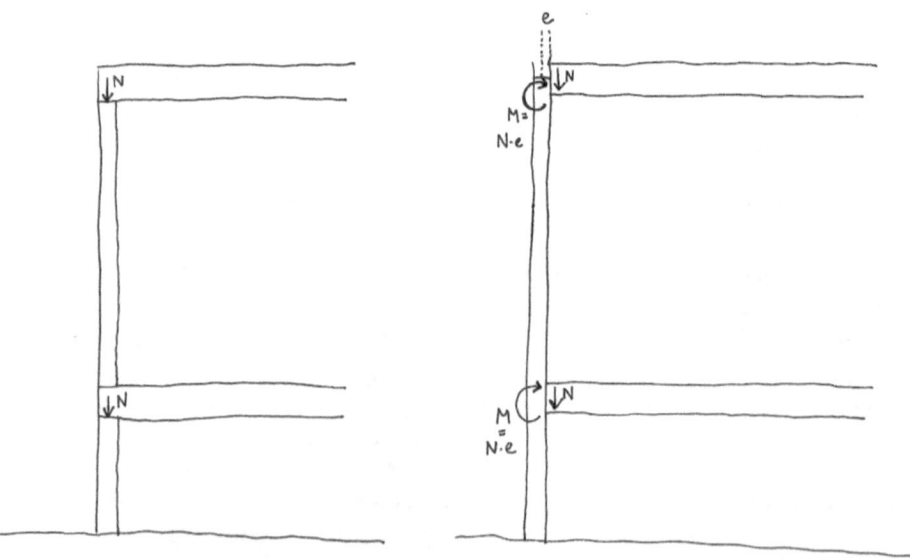

Figura 100. Diferencia de esfuerzos con carga centrada en el eje de la columna (izquierda) y con carga excéntrica respecto al eje de la columna (derecha)

samente en esa dirección. Sin embargo, su capacidad resistente no está llevada al límite en ningún caso. Y sus deformaciones están, con mucho, dentro de lo admisible. Sólo las viguetas del forjado de cubierta están bien aprovechadas, alcanzando el 80% de su capacidad resistente, y con unas deformaciones en el límite de lo aceptable [18].

Si sumamos a las 12 pulgadas de estas viguetas el espesor de las losas de forjado y el del falso techo, llegamos a las 15 pulgadas de las vigas de borde. Prácticamente el doble de la dimensión del ala de la columna. Y es que probablemente Mies estaba buscando una relación 2/1 entre el canto de las vigas de fachada y la anchura de las columnas [19] (fig.99).

Pero veamos el detalle de la columna adelantada y cómo esta posición respecto a la viga de fachada afecta a la estructura. Este detalle constructivo hace que la transmisión de la carga entre vigas y pilares sea excéntrica. Introduce un esfuerzo suplementario en las columnas, un momento (fig.100). Algo que no ocurre, por ejemplo, cuando el arquitecto del gótico decide adelantar los contrafuertes de su catedral. En el caso del gótico, el contrafuerte adelantado está a favor de la estructura. Se adelanta precisamente para favorecer su función de muleta, junto al arbotante, que sujeta los empujes horizontales de las bóvedas. Pero Mies, al adelantar la columna, no favorece su comportamiento sino, al contrario, aumenta su nivel de exigencia. Y lo hace en favor de una idea. Por pequeño que sea ese momento excéntrico, ahí está.

Cuando Mies adelanta la estructura no está queriendo hacer una exhibición de expresionismo estructural. No se trata de revelar sin más la mecánica de la estructura. Se trata más bien de revelar la belleza de los perfiles estructurales al servicio de la forma arquitectónica.

Y ese algo más es la clave de esta casa. La columna se adelanta a la viga, y queda unida a ella por una soldadura tangente (fig.101). Y al hacerlo, Mies evade la idea del sustentar, palabra cuyo origen latino viene de *sustinere*, que significa, "tener algo sobre sí" [20]. La columna no tiene sobre sí la viga. No la sustenta. Al menos no visualmente. Aparentemente la columna sólo toca a la viga. El ala de la columna es tangente al alma de la viga. Sus caras entran en contacto casi sin tocarse. He ahí un gesto sutil, pero muy intenso, de poética estructural.

Figura 101. Unión tangente entre columna y viga

Figura 102. Efecto de techo en su spensión visto desde el interior de la casa

Este contacto entre columna y viga no es como el del arquitrabe y la columna del Partenón, en el que se va haciendo un relato de la transición de la carga. En el Partenón, la viga de piedra se apoya sobre la columna sin miramientos [21]. Tampoco tiene nada que ver esta unión tangente, con la transición directa entre el arbotante y el contrafuerte góticos. La claridad con la que los elementos de estas estructuras clásicas se relacionan entre sí se desvanece en la Farnsworth, en el encuentro equívoco y tangente entre la columna y la viga. Ni siquiera vemos la forma en C de la viga. La abstracción de este nudo es total. Ni hay apoyo ni hay intersección. Sólo tangencia. Una unión casi inmaterial.

El resultado es que la columna no pierde su integridad, sino que se alza continua en toda su altura. Sin uniones ni intersecciones que la alteren. La columna se mantiene independiente en su forma. Y detrás de la columna el forjado parece suspendido en el aire. Esta solución alcanza su mayor efecto cuando estamos en la casa, bajo la losa. Desde dentro, y no desde fuera, es cuando ese forjado parece flotar más. Cuando no se ve la soldadura. Cuando vemos la columna pasante sobre la que no apoya el forjado. Cuando los bordes del forjado están recortados contra el cielo y contra el bosque (fig.102). En esta casa se cumple la famosa leyenda de la columna de San Juan de Samarcanda. Marco Polo sonreiría al ver aquí, una vez más, el peso sostenido en el aire.

Aunque la situación de las columnas es contraria a la de las columnas de la casa Tugendhat, el efecto buscado es el mismo. La suspensión del techo en el aire. Pero si en la Tugendhat el efecto de ingravidez era mayor cuando mirábamos la casa desde fuera, aquí el efecto de ingravidez es mayor cuando estamos dentro de la casa.

Para Mies, los elementos estructurales son algo más que sólo estructura. Son hermosos por sí mismos, y sus uniones también lo son. Y los criterios que el arquitecto alemán emplea para definirlos van más allá de la estricta mecánica estructural. A diferencia de la casa Tugendhat, ya no necesita Mies recubrir la estructura con la chapa de acero cromado. Ya no ve la necesidad de revestir sus columnas cruciformes. Aquella columna sin revestir que Mies empleó en la cocina de la casa Tugendhat, aquella columna que entonces permaneció en un segundo plano, en la zona de servicio, ahora se presenta orgullosa, ilusoria y radical.

La jaula de acero

A partir de la Farnsworth, Mies siempre colocará en sus casas las columnas por fuera. Es el caso, por ejemplo, de la casa 50'x50', que lamentablemente no llegó a construir. Y no contento con adelantar la columna, decidió multiplicarla, y convertir las estructuras de sus viviendas en una auténtica jaula de acero. Éste fue el último modelo de vivienda que Mies ensayó. Desde el prototipo de viviendas prefabricadas de acero en hilera, a las viviendas de Lafayette Park en Detroit, pasando por la casa McCormick, la Casa Morris Greenwald y la Casa Herbert Greenwald. Una jaula de acero transportable que se fabricaba en taller, y que deriva del sistema de cerramiento que Mies empleó en los Apartamentos de Lake Shore Drive. Un sistema pensado para convertirse en un método de producción masivo de viviendas. Las columnas, con sección en I, se sueldan a la losa de cubierta y a la losa de suelo sin llegar a tocar el terreno. ¿Cabe mayor ejemplo de ilusión gravitatoria que una columna que aparenta no llegar a la cimentación? (fig.103).

En las casas prefabricadas tipo jaula Mies da un paso más, y no sólo las columnas quedan a la vista por delante de los forjados, sino también en el interior de las casas las vigas quedan a la vista. Pero si ya vimos en la casa Farnsworth que la columna no aprovechaba toda su capacidad portante, todavía con más motivo podemos decirlo para estas casas prefabricadas. Aquí las columnas de acero se disponen cada 1,7 metros, soportando una viga de 8,4 metros de luz. Por cada dos columnas una viga.

Mies proyectó su última vivienda a finales de los años 50. Más de cuarenta años pasaron, desde la estructura oculta de la Casa Riehl, hasta la jaula estructural vista de las viviendas de Lafayette Park.

Regresemos una vez más a la primera casa de Mies, la casa Riehl, con sus pilastras en relieve. Las columnas ya estaban en la fachada de la casa Riehl, pero como decoración. Eran falsas columnas. Falsas pilastras de ladrillo en bajorrelieve. La verdadera estructura era un muro de ladrillo oculto. Y volvamos a recordar la evolución que experimentó la estructura hasta las casas de Krefeld, y hasta la casa Tugendhat, hasta

Figura 103. Fachada tipo jaula de acero, en la que Mies multiplica el número de columnas

llegar a la Farnsworth. En este recorrido histórico, Mies cambió el muro de ladrillo revocado por un muro de ladrillo mezclado con una subestructura de acero. Y después llegó a la estructura reticular de acero retranqueada de la fachada, hasta que, por fin, en la casa Farnsworth, las columnas se sitúan delante del plano de fachada. Es una lenta evolución de la estructura, que viaja desde lo más oculto hasta la superficie de la forma arquitectónica. Es un avance de la columna hasta conquistar la fachada. Como el pórtico del Partenón. Como los contrafuertes de la Catedral de Mallorca.

En la Farnsworth la columna vuelve, como en la Riehl, a la fachada, pero de una manera muy diferente. Sigue siendo un elemento decorativo, pero no ya al estilo clásico o neoclásico de la Riehl. Es un elemento decorativo moderno. Ligeramente desplazada de su sitio, la columna de la Farnsworth se convierte en un elemento sustentante capaz de producir una ilusión gravitatoria incontestable. Ya no necesita Mies pintar la columna ni revestirla, como hizo en Krefeld y en Brno. Un sencillo desplazamiento convierte el estándar perfil en I de acero en un elemento artístico.

No es la capacidad mecánica de la estructura lo que más interesará a Mies. Mies no es un racionalista estructural. Aunque admirara a Berlage por la honestidad de su construcción, lo cierto es que no aplicó en sus viviendas esos mismos principios de honestidad constructiva. Aunque trabajara durante gran parte de su carrera con la estructura como regla, lo cierto es que nunca tuvo entre sus ideales la búsqueda de la mayor eficiencia mecánica. Esto no quiere decir que Mies desdeñe la función mecánica de la estructura, sino que sobre todo le interesa su función ilusoria. Y si en la Tugendhat tiene que recurrir al revestimiento de la columna, o a su ineficiente forma en cruz, en la Farnsworth sin embargo nos presenta una columna pura y dura, mecánicamente eficiente y sin revestimientos de ningún tipo. Es el más difícil todavía, con dos trucos de maestro. Su posición adelantada respecto a la viga y su unión tangente.

Y en la casa McCormick hay un paso más. Y es que la columna no llega al suelo. Es tangente no sólo a las vigas y forjados, sino también a la cimentación, a la que no llega a tocar, sino indirectamente.

Sólo un maestro se atrevería a construir una ilusión gravitatoria a la vista de todos. Y el viaje que vivió la estructura en las casas de Mies, desde lo más oculto, hasta su posición adelantada, duró el tiempo necesario para que nuestro maestro alemán madurara esa idea. El maestro de las estructuras, como afirma Peter Blake, utiliza las estructuras como artificio decorativo, sin perder su necesaria capacidad sustentante. Mies nos demuestra que se puede ser a la vez racional, y artista. Que se puede buscar a la vez la coherencia, y la poesía. Que se puede ser contradictorio (es decir, humano), y magistral.

LA ESTRUCTURA COMO ORNAMENTO

Estructura vista vs estructura oculta

En los bloques y en las torres, tanto de apartamentos como de oficinas, Mies empleó dos tipos opuestos de fachadas; la fachada con estructura oculta y la fachada con estructura vista. Ambas soluciones tienen su antecedente en dos proyectos de principios de 1920: el edificio de oficinas de cristal en la Friedichstrasse de Berlín, proyecto de 1921, y el edificio de oficinas de hormigón armado, proyecto de 1922.

El primero es un rascacielos de vidrio de planta poligonal y veinte pisos (fig.104). Es la primera superestructura de Mies, la primera vez que emplea una estructura reticular de pilares en vez de muros de carga y la primera vez que recurre a la solución estructural del forjado horizontal en voladizo. De hecho, este rascacielos representa una radical ruptura en su obra. En la memoria del proyecto leemos la intención del arquitecto:

> "Los rascacielos sólo revelan la audacia de su principio constructivo durante la fase de construcción. Sólo entonces su gigantesco entramado de acero se muestra en todo su esplendor. Cuando las paredes exteriores se colocan en su sitio, el sistema estructural queda oculto por un caos de formas triviales y sin sentido. Una vez concluidos, esos edificios sólo suscitan admiración por su tamaño. Podemos ver más claramente los nuevos principios estructurales si usamos cristal en lugar de paredes exteriores, lo que ya es fácil hoy en día en un edificio con esqueleto, cuyas paredes exteriores no soportan carga." [1]

Sin embargo, a pesar de la importancia que Mies concede al nuevo sistema estructural, parece que en los dibujos de esta torre prefiere centrarse en la imagen del cristal, quedando la expresión del armazón en un segundo plano. El muro cortina de vidrio se superpone al esqueleto y, como mucho, deja a la vista las líneas horizontales de los forjados. En los dibujos a carboncillo que se conservan, no asoman los pilares a través del cristal y tampoco se dibuja su posición en planta [2]. Se da mucha más importancia a las líneas verticales que definen los encuen-

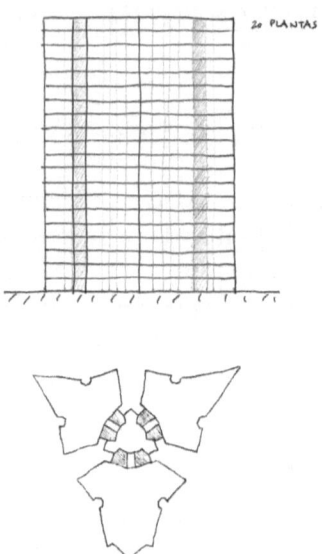

Figura 104. Rascacielos de cristal, Berlín, 1921. Primera versión.

tros entre los distintos planos de vidrio. Pareciera que se quisiera dejar el protagonismo al vidrio sobre la estructura. De hecho, Mies hace hincapié en cómo estudió los efectos del vidrio en las fachadas:

> *"Coloqué las paredes de cristal ligeramente anguladas unas respecto a otras para evitar la monotonía de las superficies de cristal demasiado grandes. Descubrí, trabajando con maquetas de cristal, que lo más importante es el juego de reflejos y no el efecto de luz y sombra".* [3]

Un año después, en 1922, diseña una segunda versión de rascacielos de cristal, en esta ocasión con treinta pisos y cambiando la planta poligonal por una planta ondulada (fig.105).

> *"A primera vista el perímetro curvado de la planta parece arbitrario. Estas curvas por el contrario están determinadas por tres fac-*

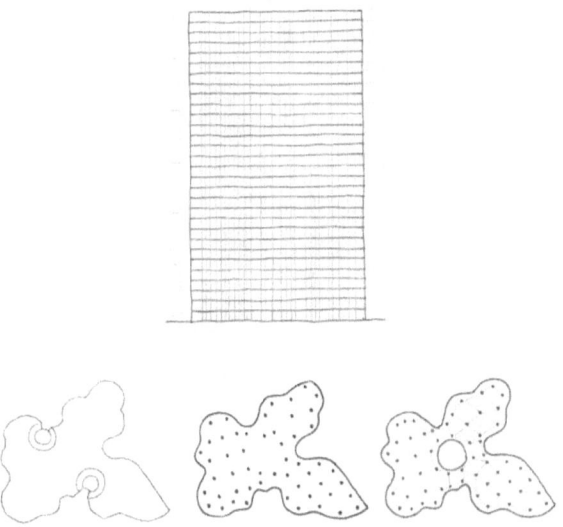

Figura 105. Rascacielos de cristal. Segunda versión

tores: iluminación suficiente para el interior, la masa del edificio vista desde la calle y, finalmente, el juego de reflejos. Los únicos puntos fijos de la planta son las cajas de escalera y ascensor. Todos los otros elementos de la planta dependen de las necesidades del edificio y están diseñados para ser resueltos en cristal". [4]

Mies "olvida" hablar de la estructura de este rascacielos que, a diferencia del primer esquema, sí tiene una planta con la distribución de los pilares [5]. Es evidente que lo que más le preocupaba en este proyecto, una vez más, era el aspecto del vidrio por delante de la estructura.

Sin embargo, en el Edificio de Oficinas de Hormigón Armado, proyecto desarrollado entre 1922 y 1923, la estructura sí se coloca a la vista (fig.106). Mies propone un bloque prismático de ocho pisos, de planta rectangular, con proporción horizontal y estructura reticular vista de pilares y vigas de hormigón armado; pilares con capiteles cruciformes,

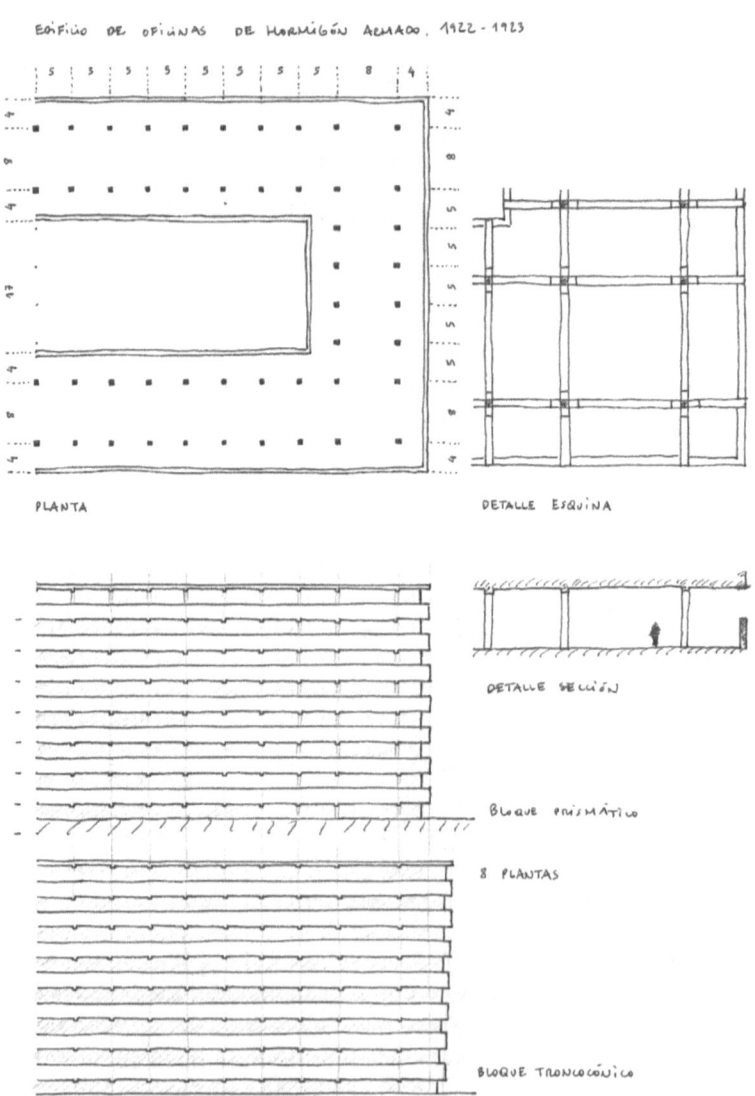

Figura 106. Edificio de oficinas de hormigón armado, 1922-1923. Arriba, a la izquierda, planta con distribución de la retícula estructural según la descripción de Mies Van der Rohe. A la derecha, detalle de esquina y sección tipo. Debajo, dos soluciones de alzado. La solución real adoptada por Mies es la de bloque troncocónico con voladizo creciente en cada planta. Se pueden observar en el alzado los descuelgues de las vigas sobre las que apoya el antepecho.

vigas descolgadas en las dos direcciones y forjados formados con losas de hormigón. Aquí sí, con toda propiedad, pueda hablar nuestro arquitecto de una "construcción de piel y huesos". Aquí el cerramiento de vidrio sí se integra con la estructura:

> *"Las estructuras de hormigón armado son esqueletos por naturaleza. No tartas. Ni fortalezas. Columnas y jácenas eliminan paredes de carga. Una construcción de piel y huesos."* [6]

El edificio de oficinas de hormigón armado es la primera estructura reticular ordenada y modulada de Mies. Y su primera estructura de hormigón. Es un edificio "todo estructura". Un esqueleto puro y duro, con los cantos de las vigas vistos en la propia fachada. En contraste con los rascacielos de cristal, aquí el armazón se convierte en protagonista del proyecto. Ya no se juega con los reflejos del vidrio, sino con su transparencia.

La fachada reverberante

En 1925, Mies recibe un encargo del Deutscher Werkbund para diseñar y organizar un barrio residencial a las afueras de Stuttgart. Una vez establecida la ordenación general del barrio, repartió las parcelas con otros arquitectos de renombre, reservándose para sí el principal bloque de viviendas.

Para Mies, el requisito fundamental del bloque de apartamentos de la Weissenhofsiedlung era aunar flexibilidad y racionalización. Por eso optó por un esqueleto de acero. Ésta es la primera estructura reticular de pilares y vigas de acero que construye. Una estructura ortogonal, modulada y regular. En la fachada longitudinal, emplea el módulo de 3,20 metros, y en la sección transversal, una crujía de 3,50 + 5,20 metros. Sólo cuando la función lo requiere, en las viviendas más grandes, se amplía el módulo de 3,20 a 4 metros, lo que demuestra que, al menos de momento, la función está por encima de la modulación. El sistema constructivo se completa con un cerramiento de muros de ladrillo recubiertos con mortero de cemento (fig.107).

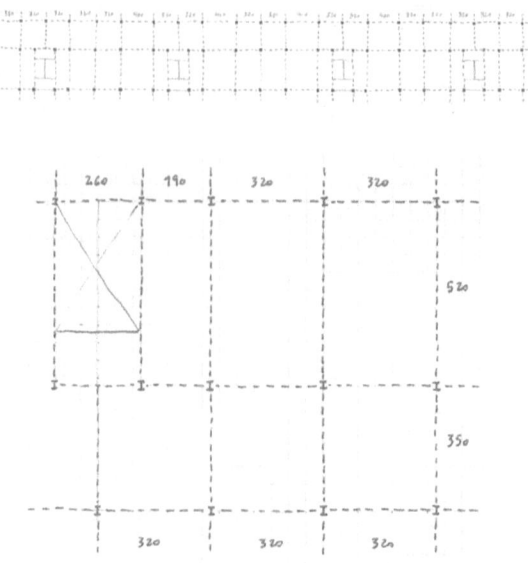

Figura 107. Edificio de viviendas de la Weissenhofsiedlung. Estructura

El bloque tiene cuatro plantas y un sótano. Y cuatro núcleos de escalera para acceder a las viviendas. Las zonas vivideras y de estar se colocan en la crujía este, donde están las mejores vistas. Las zonas de acceso, servicio y dormitorios se sitúan en la crujía oeste. Hay varios tipos de viviendas, desde estudios de un dormitorio, a viviendas de tres dormitorios. Sobre la posición fija de los pilares, que van recubiertos con una chapa metálica de sección cuadrada, pintada en color blanco, se van disponiendo de muy diversas formas las particiones [7].

Pero vayamos a lo más importante, la expresión de la estructura en la fachada. Las columnas, perfiles con forma de H, quedan embebidas en el cerramiento y revocadas con cemento, pero, al disponerse grandes ventanales que aprovechan todo el hueco entre columnas, y al colocar las carpinterías, no en el plano de fachada, sino retranqueadas, el efecto que resulta es el de una fachada en la que la estructura parece vibrar (fig.108).

Figura 108. Fachada de la Weissenhofsiedlung, en la que la estructura parece vibrar.

Hay tres planos de luz en esa fachada; el plano blanco del revoco, la embocadura de los huecos, en sombra, y las ventanas, con sus carpinterías negras y sus vidrios también en sombra. Estos tres planos de luz acentúan la posición de las esbeltas columnas que, en contraste con la sombra de los huecos, dan un paso hacia delante.

Esta fachada es muy diferente a la de los edificios de viviendas en la Afrikanischstrasse de Berlín, proyecto que Mies construyó casi al mismo tiempo, entre 1926 y 1927 (fig.109). En estas viviendas, con un presupuesto muy ajustado, tuvo que recurrir a los estándares de construcción de la época y a la estructura de muro de carga de ladrillo recubierta por un revoco color ocre [8].

En el bloque de la Weissenhofsiedlung, sin embargo, hay una tensión latente entre la continuidad del plano blanco de fachada y la estructura, que

Fitura 109. Bloque de viviendas en la Afrikanischstrasse. Detalle de fachada.

quiere mostrarse y establecer un orden y un ritmo en la extensa superficie luminosa y abstracta. Las columnas compartimentan, estructuran el plano de fachada. Y con su juego de entrantes y salientes, reverberan [9].

La estructura vista inexpresiva

Tras el ensayo de la fachada reverberante, Mies trabaja sobre una nueva fachada en la que la estructura se independiza por completo del cerramiento. Es la solución del Edificio de Ingeniería e Investigación del IIT, el Instituto Tecnológico de Illinois (fig.110), que también emplea en el Instituto de Tecnología del Gas, el Edificio de Ingeniería Mecánica y

Figura 110. Estructura vista inexpresiva en el edificio de ingeniería del IIT.

el Almacén para el Instituto de la Tecnología del Gas. En estos cuatro edificios, la retícula estructural de hormigón queda a la vista, plementada por un cerramiento de ladrillo y vidrio. La estructura se dibuja en la fachada, pero no hay una acentuación especial de la función portante, como sí veremos en proyectos posteriores de Mies [10].

Una solución más elaborada de estructura vista la encontramos en el Commons Building, también en el Instituto Tecnológico de Illinois, en Chicago, proyecto desarrollado y construido entre 1952 y 1953. La estructura de este edificio se compone de ocho pórticos paralelos, dispuestos cada 7.2 metros (24 pies), divididos a su vez en tres módulos iguales de 9.75 metros de luz (32 pies) (fig.111). El cerramiento, de ladrillo y vidrio, se dispone en el eje de las columnas, que quedan a la vista, tanto en las fachadas transversales como en las longitudinales. En el interior también las columnas quedan a la vista, libres en el gran espacio central y embutidas en las particiones de las salas laterales [11].

Pero querríamos centrarnos en la estructura del techo. Cuando miramos la planta de la estructura, nuestra conclusión lógica, y obvia, es que las vigas de los pórticos transversales, las que salvan una luz mayor, soportan mayores cargas que las vigas de atado longitudinales. Tan es así, que su canto es superior al de las vigas de atado. Esta estructura

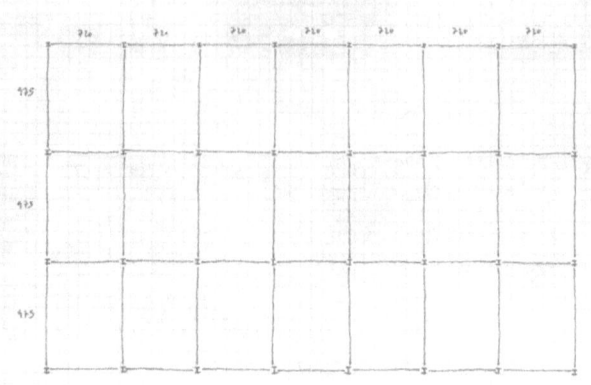

Figura 111. Estructura del Commons Building

es unidireccional. Tiene una dirección de trabajo muy clara. Pero esta diferencia entre la estructura transversal y la longitudinal no se hace evidente. En el techo, Mies enrasa todas las vigas por sus alas inferiores por lo que, a ojos de un observador poco atento, todas parecen tener el mismo canto. Hay un plano continuo que iguala las alas de las vigas en las dos direcciones (fig.112). El canto de las vigas principales no descuelga, sino que se eleva sobre las alas de las vigas de atado, alojándose en el hueco de los casetones prefabricados de hormigón que conforman el forjado. Mies no quiere evidenciar que estamos ante una estructura unidireccional, y eso se aprecia bien en los alzados exteriores (fig.113). Las vigas de borde en los dos alzados, longitudinal y transversal, tienen también el mismo canto. En las fachadas no se hace evidente la direccionalidad de la estructura. Sólo la posición de los pilares en H, con el alma en la dirección del pórtico, nos avisa que estamos ante una estructura unidireccional [12]

Por último, dentro de este apartado de estructura vista pero no expresiva de su mecánica estructural, quisiera traer la doble solución que Mies propone para la capilla del IIT.

Figura 112. Techo del Commons Building con las vigas enrasadas por el ala inferior.

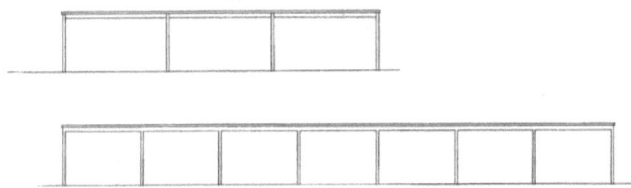

Figura 113. Alzados del Commons building que no expresan la unidireccionalidad de la estructura. Arriba, alzado lateral, el de los pórticos. Debajo, alzado principal (el de las vigas de atado)

Comparemos la planta del edificio que realmente se puso en pie, una estructura de muros de carga de ladrillo y cubierta de acero, con la solución de pórticos de acero y cerramiento de ladrillo que Mies proyectó inicialmente (fig.114). En la primera, el ladrillo es a la vez estructura y cerramiento. Las vigas principales se disponen de muro a muro y las correas de atado, perpendiculares a las vigas, vuelven a enrasarse con el ala inferior de las vigas. La estructura es unidireccional pero, al igual que en el Commons Building, se niega su direccionalidad. El espesor del techo es idéntico en ambos alzados (fig.115).

Sin embargo, cuando vemos los dibujos que Mies preparó para la solución no construida, observamos que la esquina no es simétrica. Fijémo-

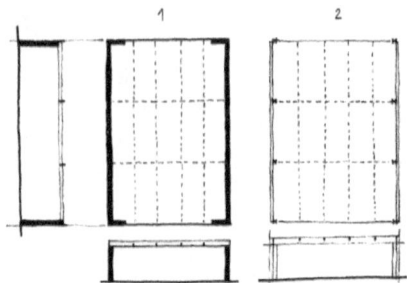

Figura 114. Dos soluciones para la capilla del IIT.
Con estructura inexpresiva y con estructura expresiva.

Figura 115. Esquina de la capilla del IIT.

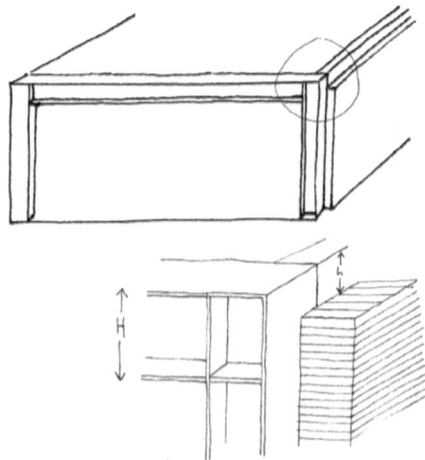

Figura 116. Asimetría en la estructura de esquina de la opción no construida

nos en la diferencia de canto entre la viga de la fachada principal y la viga de borde sobre el cerramiento de ladrillo. La gran viga del pórtico se asoma a la fachada y muestra su diferencia con respecto a las vigas de atado (fig.116). Esta solución es, en lo que respecta a la estructura, mucho más expresiva [13].

La estructura vista expresiva

En 1949, después de muchos años persiguiendo el sueño de hacer un rascacielos, Mies consigue construir una torre de apartamentos de veintiuna plantas al borde del lago Michigan; los Apartamentos Promontory (fig.117). Habían pasado pocos años desde que finalizara la Segunda Guerra Mundial y, debido a la crisis, no se podía conseguir acero en el mercado a buen precio, por lo que nuestro arquitecto tuvo que recurrir a una estructura de hormigón armado para construir este edificio [14].

Lo que más distingue a esta torre de apartamentos es que los pilares van por fuera, por delante de los forjados y del cerramiento [15]. Pero no son pilares rectos, sino escalonados, haciéndose más ligeros a medida que ascienden a lo más alto de la torre. Kenneth Frampton ha relacionado este gesto con una especie de expresionismo estructural en Mies, mientras que Peter Blake lo relaciona con los contrafuertes góticos, y defiende que esta manera de colocar las columnas le permite a Mies dotar al edificio de una mayor verticalidad [16].

En cualquier caso, estas columnas no tienen la presencia de los contrafuertes en una catedral gótica. Los contrafuertes de la Catedral de Mallorca, por ejemplo, tienen una proporción de 1 x 5 x 23: 1 unidad de ancho, 5 unidades de profundidad, y 23 unidades de altura. Y además están separados 4,5 unidades. Las columnas de los Apartamentos Promontory tienen una proporción de 1 x 1,5 x 120: 1 unidad de ancho, 1,5 unidades de profundidad, y 120 unidades de altura, y están separadas 11 unidades. Estas columnas son muy esbeltas. Son como filigranas que recorren verticalmente la torre (fig.118). Sólo en algunas perspectivas oblicuas adquieren la fuerza visual del contrafuerte. Pero en el conjunto, la forma prismática de la torre tiene más fuerza que la estructura.

Figura 117. Promontory Apartments

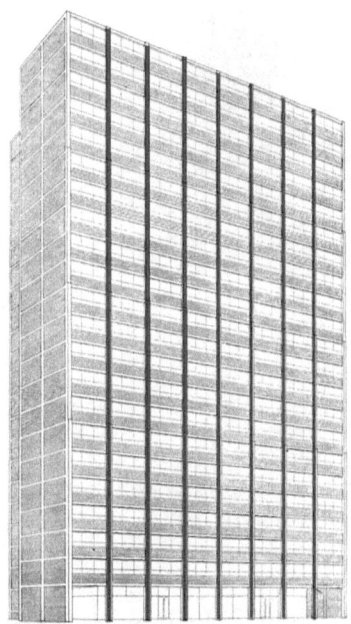

Figura 118. Catedral de Mallorca vs Promontory Apartments

Figura 119. Pilar de esquina del Carman Hall

No obstante, sin tener la fuerza del contrafuerte gótico, no dejan de ser relevantes estas columnas escalonadas en la imagen exterior del edificio. Y son un buen ejemplo de estructura vista y expresiva de su función portante.

También en los edificios de apartamentos que diseñó Mies para los estudiantes del IIT; el Carman Hall (fig.119), el Cunningham Hall y el Bailey Hall, emplea el sistema de columnas de hormigón por fuera y escalonadas pero, a diferencia de los Apartamentos Promontory, en estos bloques las esquinas son simétricas, y los pilares de esquina adoptan un escalonamiento también simétrico.

Figura 120. Edificio de investigación de metales del IIT

En cuanto a la solución de estructura vista y expresiva en acero, ya hemos visto en el apartado anterior el ensayo de Mies con la versión no construida de la capilla del IIT. Pero si queremos ver una obra construida en la que el acero está reflejando su función portante, podemos acercarnos al Edificio de Investigación de Metales, construido entre 1942 y 1943 en el mismo Instituto Tecnológico de Illinois [17]. Este laboratorio fue la primera obra de Mies en América. Un edificio de acero, ladrillo y cristal, de planta rectangular. Su estructura se compone de ocho pórticos de acero separados 7,20 metros, y cada pórtico consta de dos crujías, una crujía de 5 metros donde se alojan los despachos y escaleras, y una crujía de 12,8 metros donde se sitúa la maquinaria de laboratorio e investigación (fig.120).

En las fachadas longitudinales el armazón estructural se sitúa por detrás del cerramiento, un muro cortina cuya subestructura es un eco de la auténtica estructura. Y en las fachadas laterales el cerramiento de ladrillo se dispone a eje con la estructura, rellenando los recuadros del armazón y dejando la perfilería a la vista. Aquí se ven las dos crujías del pórtico, y el diferente canto de las vigas en función de la luz que salvan. Aquí se revela el pórtico que sostiene este edificio. De alguna manera, esta fachada lateral es una especie de sección constructiva que muestra la verdad del esqueleto interior [18].

Vamos a ver ahora cómo, en paralelo a esta serie de proyectos que muestran la estructura, hay toda una serie de proyectos en los que Mies oculta la estructura, la reviste. Y lo hace de varias formas.

El vestido horizontal

A finales de la década de 1920, Mies proyecta una serie de edificios comerciales y de oficinas que son una evolución y fusión de dos ideas: la estructura reticular de acero y el cerramiento de cristal liberado de la estructura [19].

El edificio para los Almacenes Adam en Berlín, proyecto de 1928, es el primero de esta serie (fig.121). Se trata de un edificio de ocho plantas, con estructura reticular de pilares y forjados de acero y cerramiento de vidrio por delante de la estructura. Sólo en planta baja el plano de vidrio se interrumpe, dejando a la vista los pilares.

Mies comprendió que la estructura reticular de pilares daba una gran flexibilidad en la organización del espacio y esto era especialmente útil en un edificio para unos grandes almacenes, donde gran parte del espacio va sin compartimentar. En cuanto al cerramiento de vidrio, hay una diferencia con respecto a sus rascacielos de cristal. Ahora los bordes de los forjados quedan claramente marcados como bandas horizontales en la fachada. La misma marcada horizontalidad que había intentado en su Edificio de Oficinas de Hormigón Armado de 1923, pero esta vez no con la potente banda de hormigón, sino con una delgada línea que subraya el canto de los forjados. Las columnas, sin embargo, no aparecen en la fachada. Parece que a Mies le interesaba remarcar las líneas horizontales de la estructura y obviar las necesarias líneas verticales que la sostienen.

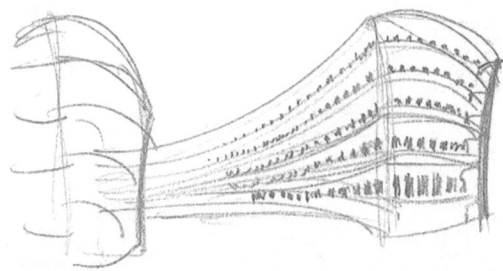

Figura 121. Almacenes Adam

Figura 122. Estructura de forjados horizontales sin columnas

La gravedad tiene dos direcciones complementarias, el plano horizontal, en el que vive el hombre, y el plano vertical, que lo sustenta. Pero en la serie de proyectos que va desde el edificio para los almacenes Adam, hasta el Reichsbank de Berlín, pasando por el Banco de Stuttgart, las torres de Alexanderplatz, o el Edificio de Oficinas II de la Friedrichstrasse de Berlín, Mies decidió vestir la estructura con un muro cortina que anula la vertical y aparenta una sucesión de planos horizontales sin sustentación (fig.122).

El vestido reticular

En el Campus para el Instituto Tecnológico de Illinois (IIT) en Chicago, Mies trabajó con un tipo de cerramiento muy especial, formado por una subestructura de acero, vidrio y un muro de ladrillo macizo de un pie de espesor.

El Alumni Memorial Hall, construido entre 1945 y 1946, fue su primer edificio docente y la primera ocasión para poner en práctica esta solución tan especial (fig.123). Este edificio de planta rectangular tiene dos pisos, y una estructura de acero recubierta de hormigón para su protección frente al fuego. La retícula de la estructura es ortogonal, regular y cuadrada, con un módulo básico de 7,2 x 7,2 metros en planta, y 3,6 metros de altura [20]. Es una estructura unidireccional, con los pórticos estruc-

Figura 123. Alumni Memorial Hall

turales en la dirección transversal, y las vigas de atado en la dirección longitudinal.

A pesar de lo que aparenta el edificio, el cerramiento de ladrillo, acero y vidrio se dispone por delante de la estructura en todas sus fachadas. Lo que queda a la vista es la subestructura de acero, formada por perfiles en H dispuestos cada 3,6 metros y que estrictamente no son necesarios. Esta subestructura se aprovecha como marco de las carpinterías, como refuerzo de los paneles de ladrillo (aunque para estas dimensiones no sería necesario este refuerzo), y tiene una marcada presencia en la fachada. Pareciera que se tratara de una auténtica estructura que se revela en fachada, pero la realidad no coincide con la apariencia. La verdadera estructura se encuentra detrás de la subestructura.

Con este apósito de acero, Mies logra dividir el recuadro estructural de la fachada, convirtiendo cada rectángulo de 7,20 x 3,60 metros, en dos cuadrados de 3,60 x 3,60 metros. Convierte una fachada que estructuralmente está conformada por rectángulos en una fachada conformada por cuadrados. Dispone un vestido reticular que oculta la estructura y que acelera el ritmo de la fachada (fig.124). Vitruvio, en sus *Diez libros de*

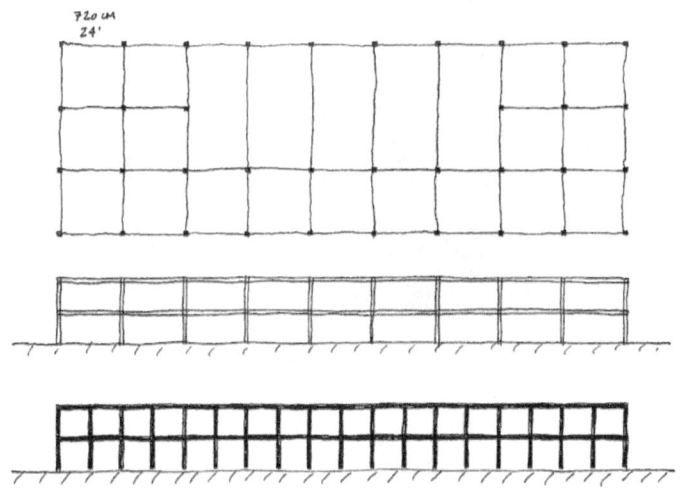

Figura 124. Alumni Memorial Hall. Planta de la estructura, alzado de la estructura y alzado de la subestructura

Arquitectura, nos habla de una clasificación de los templos griegos en función de las distancias que guardan sus columnas, siendo el templo picnóstilo aquel en el que las columnas están más próximas entre sí, y el templo aeróstilo aquel en el que las columnas están más separadas entre sí. La conclusión de esta clasificación de Vitruvio es que el ritmo de la fachada se modificaba, como no podía ser de otra manera, en función de esa distancia entre columnas [21]. Aquí Mies está poniendo en práctica este principio, gracias a las "falsas" columnas intermedias que coloca en los vanos estructurales. Nos enseña cómo una columna de acero puede tener otra función, más allá de la función sustentante: alterar la imagen del edificio y su ritmo compositivo [22].

Pero el maestro alemán no quiere llevarnos por completo al engaño y, probablemente para hacer evidente esta situación, los montantes verticales de la subestructura no llegan al suelo, sino que, a pocos centímetros de tocarlo, desaparecen tras un plinto de ladrillo (fig.125). Esto se

Figura 125. Detalle de esquina y de fachada

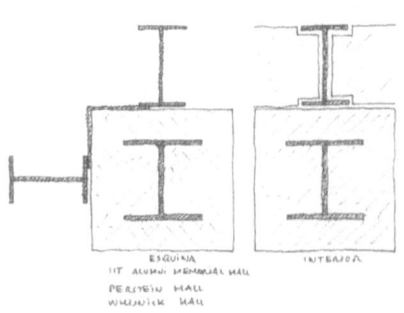 

Figura 126. Detalle de fachada del IIT. Pilar de esquina y pilar tipo con la subestructura por delante

Figura 127. Detalle de fachada del Whisnick Hall (Edificio de Química)

puede interpretar de dos maneras: o bien como un rasgo de honestidad estructural, o bien como un efecto ilusorio. Como queriendo fingir que los pilares no llegan al suelo y, por tanto, flotan. Otra vez la columna flotante de San Juan de Samarcanda, la leyenda que Marco Polo describe en sus viajes, aparece en la obra de Mies [23].

Querríamos insistir en que, tanto estructuralmente como constructivamente, estos perfiles de la subestructura son prescindibles. Pero esta subestructura se convirtió en una especie de firma de Mies en el Campus del Instituto Tecnológico de Illinois. Un detalle que daba coherencia al conjunto. Y así la vemos en el Perlstein Hall, el Whisnick Hall, el Siegel Hall, el Edificio de Ingeniería Mecánica, el Colegio de Música o el Laboratorio de la Association of American Railroad (fig. 126 y 127).

El vestido vertical

Entre 1948 y 1951, en una parcela privilegiada al borde del lago Michigan, Mies proyectó y puso en pie sus primeras torres con estructura de acero, las torres de Apartamentos de Lake Shore Drive.

Su estructura está formada por columnas de acero recubiertas de hormigón y forjados de acero con chapa colaborante, también recubiertos de hormigón para quedar protegidos frente al fuego [24]. En la fachada el hormigón se reviste a su vez por unas planchas de acero que se pintan en color negro. Y el cerramiento, de vidrio transparente con carpintería de aluminio, se dispone en la cara exterior de la estructura, rellenando los recuadros que conforman los pilares y los forjados. Pero el detalle que querría destacar es la subestructura de perfiles de acero que Mies dispone por delante del cerramiento. También en color negro, estos perfiles con sección en H, de unos 20x12 cm, recorren toda la fachada desde la planta primera hasta la coronación como raíles que se pierden en las alturas. La misma subestructura que en el Alumni Memorial Hall iba embebida en el cerramiento de ladrillo, aquí se libera y da un paso hacia delante (fig.128).

Y la conclusión inmediata es evidente. Los rectángulos horizontales que forman los pilares y los forjados (siendo la base de cada rectángulo 6,5 metros, es decir, la distancia entre columnas, y la altura 2,6 metros, la distancia entre forjados) se subdividen gracias a la subestructura en rectángulos verticales. La torre de rectángulos horizontales se convierte en una torre de rectángulos verticales y, aparentemente, se hace más alta (fig.129). En palabras de Peter Blake, se verticaliza [25].

Mies, probablemente, pensó que la torre subdividida en recuadros de proporción horizontal no lograba la verticalidad que él deseaba. Muy al

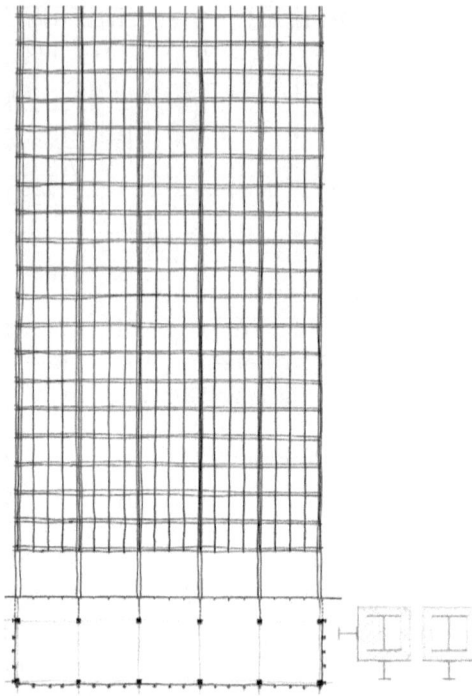

Figura 128. Apartamentos en el 860-880 de Lake Shore Drive. Planta y alzado. A la derecha, detalle de columnas con la subestructura de acero.

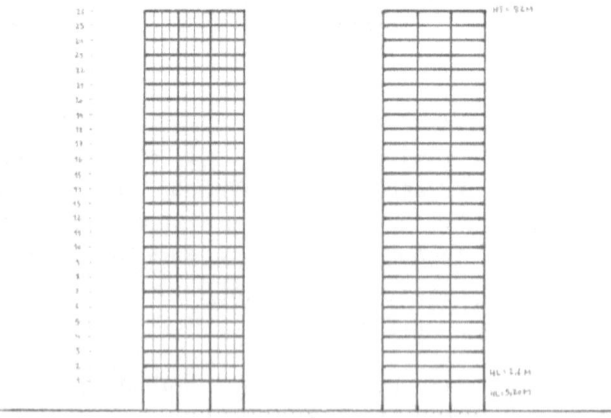

Figura 129. Torre con maineles vs torre sin maineles

Figura 130. Detalle de fachada

Figura 131. Detalle de fachada en escorzo

contrario, oponía a la vertical de la columna la horizontal del forjado. Y por eso empleó esa subestructura de maineles de acero, continuos y muy próximos entre sí. Empleó un elemento estructural con una función puramente visual. Un ornamento de acero que acentúa la verticalidad de la forma. Una columna con función no resistente, sino expresiva.

Además, esta perfilería le otorga a la fachada una mayor plasticidad, pues interrumpe la planeidad y monotonía del cerramiento de vidrio. Así, mientras nos movemos alrededor de las torres cambia la imagen de la fachada. Si las miramos de frente podemos ver en su verdadera dimensión la retícula estructural, la filigrana de la subestructura y los huecos de vidrio. Pero en las perspectivas oblicuas la perfilería de la subestructura oculta el cerramiento de vidrio. Mies consigue dotar a las torres de una mayor riqueza visual, de una sutil vibración de luz. Lo que ya antaño persiguiera con los juegos de reflejos de sus primeros rascacielos de vidrio (fig. 130 y 131).

Figura 132. Columnas decorativas en la Biblioteca de Adriano, Atenas. Principios del siglo II d.C.

En el fondo lo que Mies hace es trascender la idea de la columna. Desprovista de su función estructural, la columna se convierte en un elemento plástico, estrictamente artístico. Y así se sitúa nuestro maestro en la tradición de los arquitectos de la Roma clásica o del Renacimiento. Ya vimos en un capítulo anterior que John Summerson, en *El lenguaje clásico de la arquitectura*, explica cómo los arquitectos romanos emplearon los órdenes griegos con función no estructural sino decorativa (fig.132). Y cómo los arquitectos del Renacimiento recuperaron esa tradición romana. Mies no hace más que alinearse con la Historia usando un lenguaje moderno. Ay de aquellos que pensaron que la Modernidad era la ruptura con la Historia. Nada más lejos de la verdad. Los verdaderos maestros, los que permanecen en nuestro recuerdo, saben muy bien dónde se encuentra la esencia de todo Arte. Saben muy bien que mucho antes que ellos, ya otros recorrieron esos caminos. Y se dedican con sencillez a su cultivo.

Figura 133. Apartamentos Esplanade, a la izquierda.
A la derecha, asoma una de las torres de Lake Shore Drive

Las torres de Lake Shore Drive son un ejemplo más de cómo Mies no concibe la arquitectura con un radical racionalismo estructural. Hay algo más, una estética que está por encima de la estricta y escrupulosa función [26].

Pocos años después, entre 1953 y 1956, puso en pie las torres de apartamentos de Esplanade junto a las torres de Lake Shore Drive (fig.133). Y en este nuevo proyecto vuelve a dar una vuelta de tuerca al diseño del cerramiento exterior. Si en Lake Shore Drive la subestructura dio un paso hacia delante, colocándose sobre la estructura aunque sin ocultarla por completo, en Esplanade Mies construye por primera vez un muro cortina, colgado de la estructura y ocultándola (fig.134). En esta ocasión el muro cortina es de aluminio anodizado negro y el vidrio se tinta de gris oscuro.

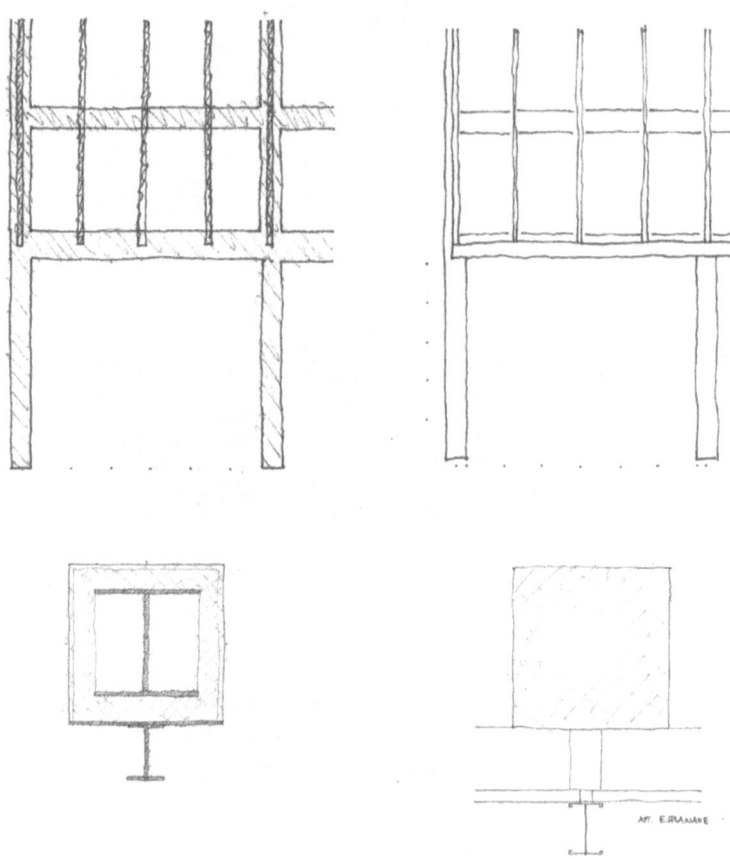

Figura 134. Cerramiento de las Torres Lake Shore Drive (izquierda)
vs Cerramiento de los Apartamentos Esplanade (derecha)

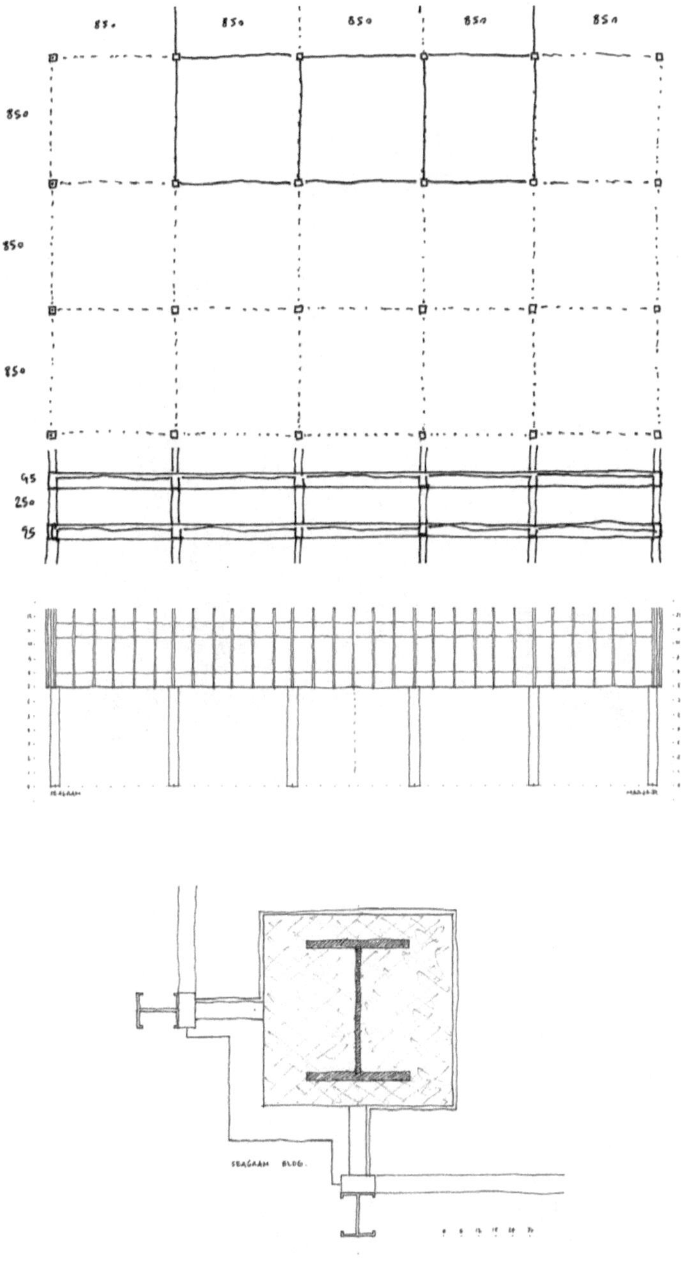

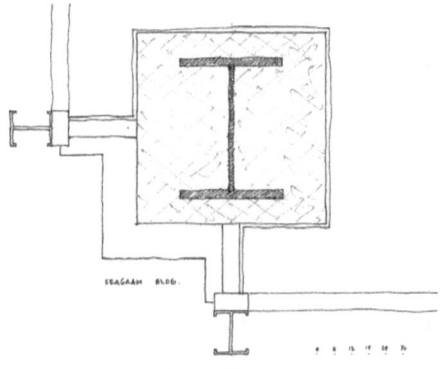

Figura 135. Edificio Seagram. Detalle de fachada

Figura 136. Edificio Seagram

Con la lección aprendida de Lake Shore Drive, se vuelve a colocar en el muro cortina una subestructura en relieve, formada por maineles con sección en forma de H, que verticaliza la estructura de la torre y que altera su imagen según la posición del observador. Este sistema de muro cortina con maineles verticales ocultando la estructura fue el más empleado por Mies en sus torres [27]. Y de todas ellas la que más proyección ha tenido es la del Seagram de Nueva York (fig. 135 y 136). Como en el Alumni Memorial Hall, Mies insiste en trascender la función sustentante de la columna. Y vuelve a emplear la columna decorativa sin función estructural [28].

LAS ESTRUCTURAS ILUSORIAS DE MIES

El Pabellón de Barcelona.
La ilusión de un techo suspendido en el aire

En los primeros días de julio de 1928, el gobierno alemán encargó a Mies el diseño del Pabellón de Alemania, y de todas sus exhibiciones, para la Exposición Internacional que se celebraría en Barcelona en 1929. Y apenas unos meses después, en octubre, el proyecto tomaría forma [1]. El pabellón iba a consistir en una combinación de planos verticales y horizontales, libremente dispuestos, sobre un podio que resolvería el encuentro con el terreno (fig.137).

Una escalera lateral nos invita a subir al nivel del podio, un cajón de mármol travertino y, llegados aquí, podemos darnos un paseo entre pantallas de ricos mármoles, tabiques de vidrio y estanques de agua quieta. Los planos de color y los reflejos de luz construyen un pabellón que es un regalo para la vista y un recorrido para el disfrute [2].

La estructura de la sala principal es como una mesa [3]. Por un lado, el techo, el forjado horizontal, y por otro lado las columnas que le sirven de apoyo (fig.138). Sobre los cimientos de hormigón y muros de ladrillo que dan forma al podio, emergen ocho columnas cruciformes y, sobre éstas, en la dirección transversal, cuatro vigas principales con voladizos en sus extremos, y en la dirección longitudinal dos vigas de atado, también con voladizos aunque algo menores en sus extremos. El exceso de flecha en los voladizos obligó a reforzar cada viga aumentando su sección, que pasó de 20 a 30 cm de altura. Pero Mies quiso que ese incremento de sección permaneciera oculto. Que no se evidenciara en el borde del forjado, ni tampoco en el falso techo. Así que los refuerzos se invirtieron, se colocaron en los cordones superiores de las vigas, ocultos por la capa de formación de pendientes de la cubierta (fig.139).

Al igual que en la Casa Tugendhat, Mies diseña para el pabellón una estructura sin alusión a la sustentación. Una estructura con voluntad de desaparecer. También aquí, como en la Tugendhat, el diseño de las

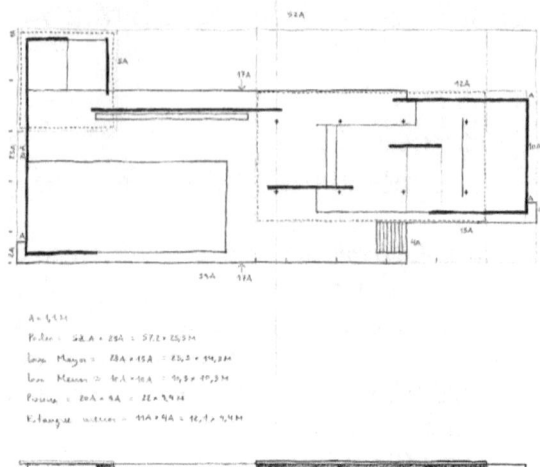

Figura 137. Pabellón de Barcelona

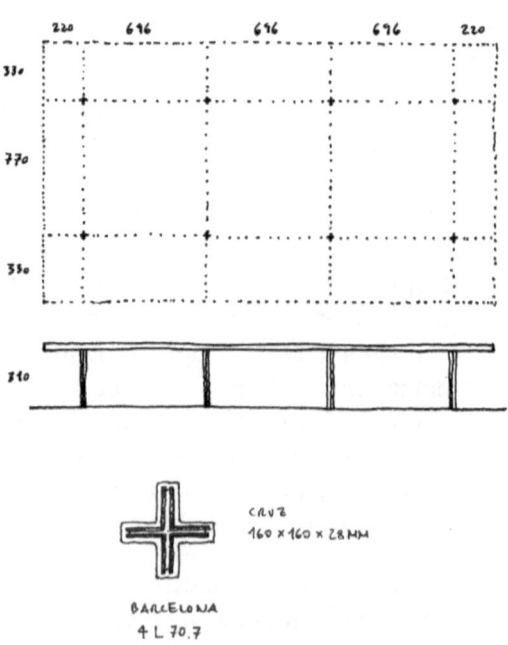

Figura 138. Estructura de la sala principal. Esquema

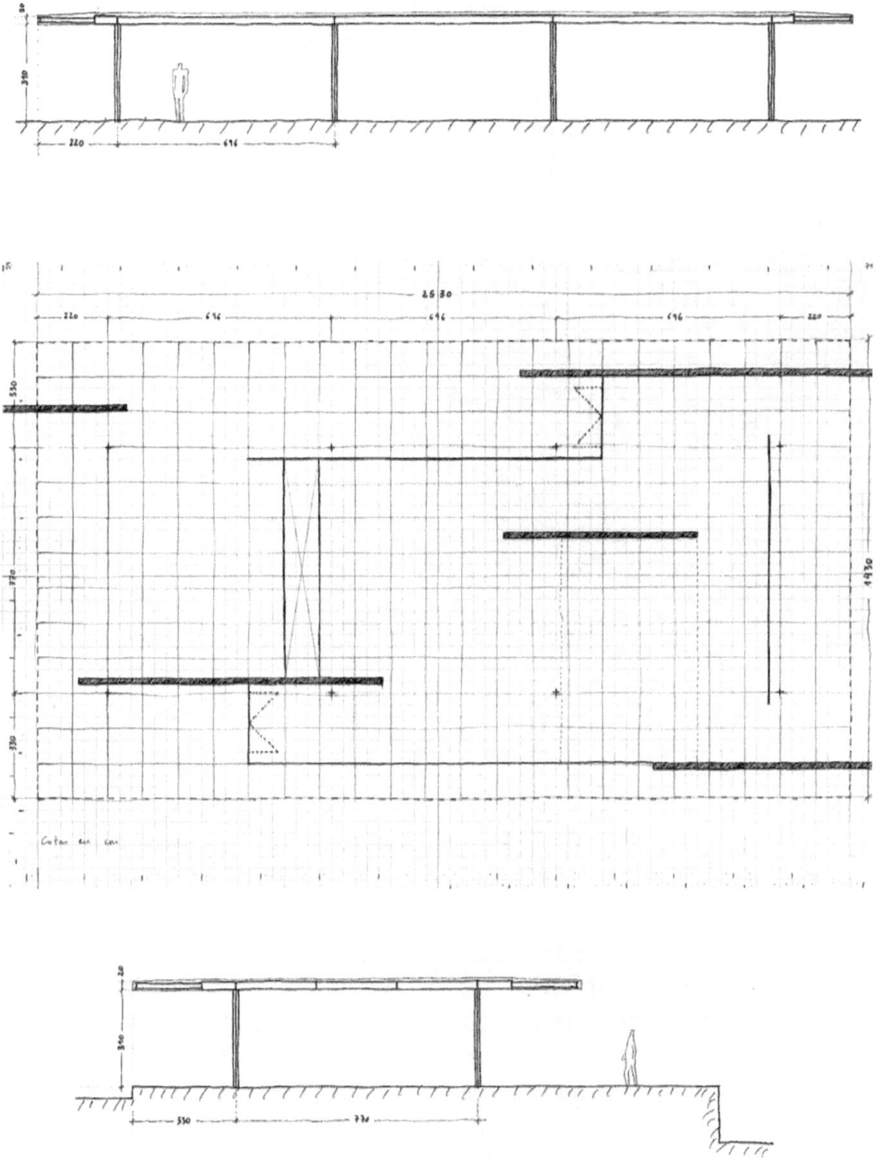

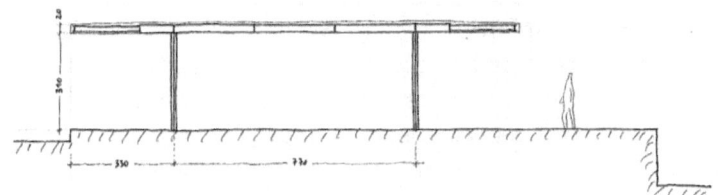

Figura 139. Estructura de la sala principal. Detalle de los refuerzos de las vigas

Figura 140. Columna del Pabellón de Barcelona, revestida con una camisa de acero redondeada, brillante y reflectante.

columnas es ajeno a la máxima eficacia estructural. Las columnas cruciformes no aprovechan toda la inercia de los cuatro perfiles de acero L.70.10 que las componen. Además, la forma cruciforme de la columna, simétrica en sus dos direcciones, no concuerda con un forjado en el que los esfuerzos no son simétricos en las dos direcciones. Los esfuerzos de las vigas en la dirección transversal, donde las luces y los voladizos son mayores, son superiores a los esfuerzos de las vigas en la dirección longitudinal. La belleza de la columna simétrica se impone a la estricta realidad estructural. Pero cuando miramos detenidamente la planta, entendemos muy bien la simetría de la columna. Mies dispuso las pantallas en las dos direcciones del espacio. Diseñó un espacio libre, continuo y bidireccional. Y la belleza de este espacio también se impuso a la realidad de la estructura.

Figura 141. El techo del Pabellón de Barcelona, suspendido en el aire

También aquí, como en la Tugendhat, se revisten las columnas con camisas de acero cromado. Las aristas tensas y perfectamente perfiladas del acero estructural se esconden tras una cruz de bordes redondeados. Y el redondeo de la geometría, sus entrantes y salientes, unido al brillo del cromado y a sus reflejos desmaterializa la columna. Su solidez material, aparentemente, se desvanece (fig.140). Como hicieron los maestros griegos con las acanaladuras de sus columnas dóricas; como los arquitectos de la Alhambra con los mocárabes de los techos y los tapices decorativos de los muros [4]; como tantos y tantos grandes constructores antes que él, Mies camina por el sendero de la Historia de la Arquitectura. Utiliza nuevos materiales, nuevas palabras, pero su lenguaje, más que nuevo, es universal.

Vayamos al efecto del techo en voladizo, que parece suspendido en el aire. El vuelo del techo del Pabellón de Barcelona es superior al de la casa Tugendhat. En la Tugendhat los pilares se retranquean 2 metros respecto a la fachada. Y el cerramiento de vidrio se alinea con el bor-

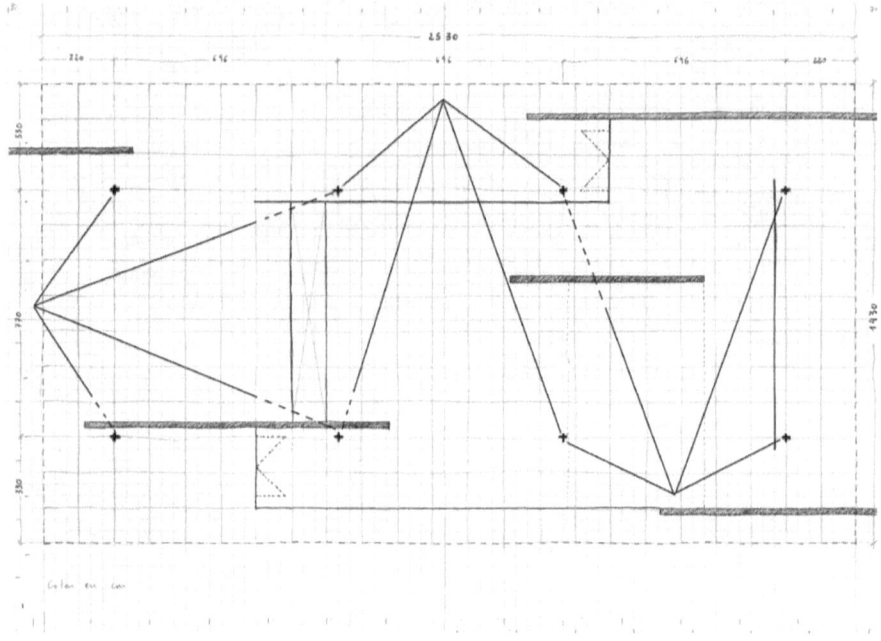

Figura 142. Vistas de las columnas interrumpidas por la posición de las pantallas

de del voladizo. En el Pabellón de Barcelona, el voladizo en el alzado principal es de 3,30 metros y en los laterales 2,20 metros. Y además, no hay cerramiento de vidrio que toque el borde del voladizo, sino que éste permanece libre en toda su extensión como una línea blanca, delgada, sustentada por la sombra (fig.141).

Para Mies es importante la delgadez del borde de este forjado y, como consecuencia, su aparente ligereza. ¿Cómo si no iba a mantenerse en suspensión a escasos metros del suelo? No es un forjado, es una hoja de papel que no pesa. Es la ilusión gravitatoria que un maestro ha puesto en pie haciendo desaparecer su realidad estructural. Por eso ocultó los refuerzos de sus vigas. Por eso no los llevó hasta el borde. Y por eso "ocultó" sus columnas.

Cuando miramos al pabellón desde el exterior las columnas desaparecen, retranqueadas y en sombra. Aparentemente, no hay nada que sustente su techo. Cuando estamos dentro del pabellón, las columnas pierden su apariencia material y su solidez. Y con ellas, pierden su capacidad de sustentar (al menos visualmente). No hay basa, no hay capitel, no hay continuidad de material entre techo, columna y suelo. No hay relato de la transmisión de la carga [5].

Por no haber, no hay ni siquiera una clara lectura de la retícula estructural que forman las columnas. La disposición de los muros y pantallas hace que nunca podamos ver a la vez las cuatro columnas que configuran la retícula estructural (fig.142).

La estructura con dos caras del Crown Hall

Entre 1945 y 1946, Mies recibe el encargo para diseñar un restaurante en Indianapolis, el Restaurante Cantor Drive-in, y su propuesta fue un gran espacio diáfano en el que, por primera vez, la estructura se situaba al completo fuera del cerramiento [6]. La estructura, en la que destacan dos enormes cerchas, abraza el espacio acristalado confinado en su interior (fig. 143 y 144).

Pero esta estructura monumental tiene dos decisiones discutibles. Por un lado, las cerchas se disponen en el lado largo del espacio rectangular que cubren, que mide 46 metros, en vez de en el lado corto, de 32 metros de longitud. Su luz es mayor de lo que podría haber sido, y sus solicitaciones son también mayores. Por otro lado, las columnas que las sustentan, con sección en forma de I, tienen su alma perpendicular a las cerchas, cuando, probablemente, habría sido más lógico colocar el alma en la misma dirección de las cerchas para aprovechar la máxima inercia de su sección. Estas dos decisiones responden a un motivo muy claro: aumentar visualmente el tamaño de la estructura. Monumentalizar la estructura por encima de cualquier otra consideración.

El restaurante no se llegó a construir [7], pero sirvió de antecedente al Crown Hall, el edificio que Mies diseña y construye entre 1950 y 1956

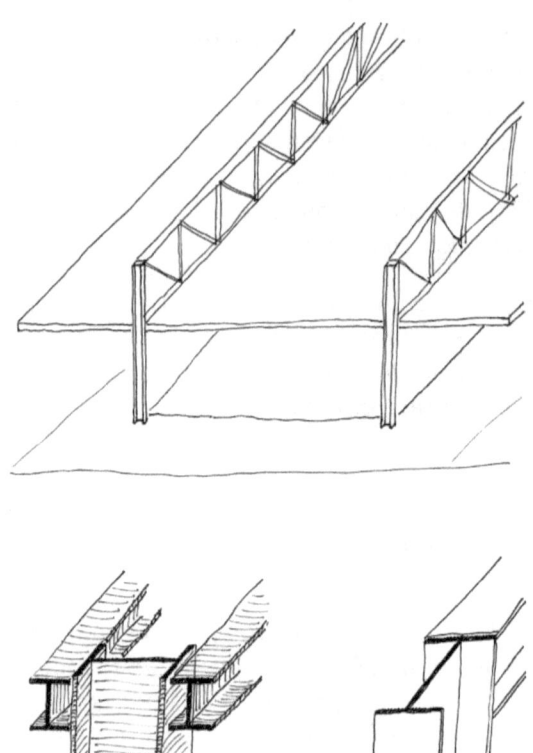

Figura 143. Restaurante Cantor Drive-In. Abajo, a la izquierda, detalle de encuentro entre el nudo superior de la cercha y la columna, según la maqueta que se conserva del proyecto.
A la derecha, posible alternativa, con el alma de la columna en la dirección de la cercha.

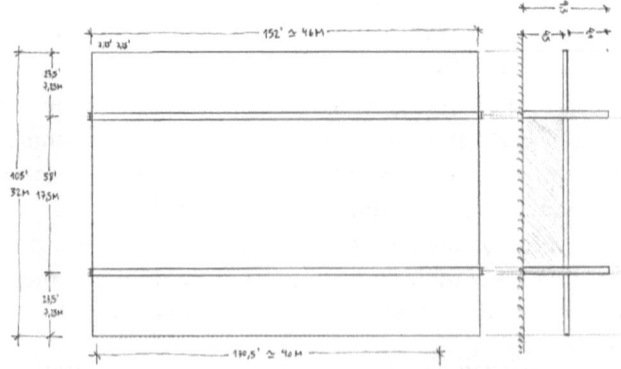

Figura 144. Restaurante Cantor Drive-In. Planta y alzado

Figura 145. Crown Hall. IIT, Chicago

para alojar la Escuela de Arquitectura del Instituto Tecnológico de Illinois (fig.145). Ésta es la primera estructura monumental que Mies pone en pie.

El Crown Hall tiene dos plantas, una planta semisótano, que emerge parcialmente respecto a la cota natural del terreno, y la planta baja, elevada 1,80 metros, a la que se accede por una escalera exterior. Aquí se encuentra el espacio principal, una gran sala diáfana, sin columnas. Su estructura está formada por cuatro grandes pórticos de acero, compuestos a su vez por vigas de alma llena de 1,80 metros de canto soldadas a columnas con sección en forma de H de 30x36 cm. Estos pórticos se disponen paralelos cada 18 metros, con una luz de 36,60 metros cada uno. Dos voladizos simétricos en los laterales, de 6 metros cada uno, terminan por completar el gran rectángulo de 67 x 36,60 metros que conforma el edificio (fig.146).

Y como ocurriera en el restaurante Cantor, esta estructura se sitúa por delante del cerramiento y por encima de la cubierta, sosteniendo al edificio que se aloja en su interior. Es una estructura que se ve por

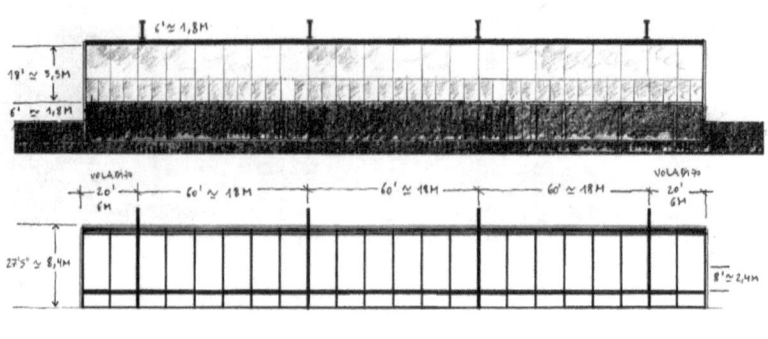
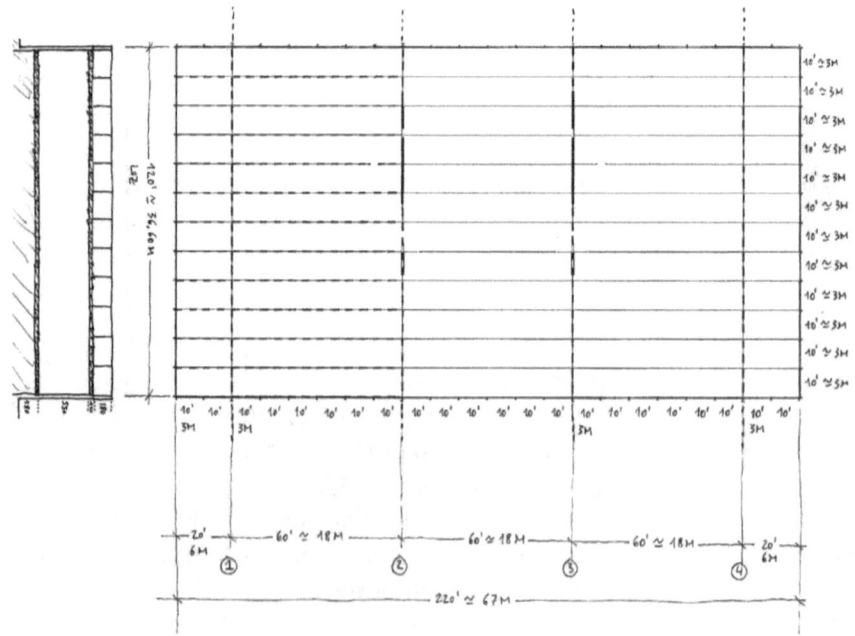

Figura 146. Crown Hall. Esquema estructural

Figura 147. Estructura y subestructura del Crown Hall

completo solamente desde el exterior. Una estructura abarcante que no tiene elementos intermedios. Una estructura monumental. Una estructura total.

En el cerramiento de vidrio, como ya hiciera en los apartamentos de Lake Shore Drive, Mies emplea la subestructura de maineles a base de columnas de acero con sección en H. Cada 3 metros una columna, de manera que esta subestructura recorre simétricamente los cuatro alzados del edificio. Y al igual que en los citados apartamentos, esta subestructura le da una cierta vibración a la fachada, que va variando en función de la situación del espectador. Aquí ya no se trata de provocar una sensación de verticalidad sino de la articulación de una fachada que parece estar viva. Sin embargo, aquí en el Crown Hall la disposición de la subestructura de acero sí tiene una función constructiva, aparte de la función visual que Mies le otorga. Un cerramiento de vidrio de casi seis metros de altura no podía ponerse en pie sin la correspondiente subestructura (fig.147).

Algunos autores han relacionado el detalle miesiano de situar la estructura y la subestructura por fuera, con la tradición gótica de llevar los contrafuertes por fuera [8]. Y es verdad, pero hasta un punto que va más allá de un mero mostrar la estructura.

La intención constructiva y espacial de los arquitectos góticos era muy clara. El interior de sus catedrales provoca una gran impresión de ligereza y verticalidad porque la estructura que soporta los enormes empujes de las bóvedas no está a la vista. Como veíamos al analizar la Sainte Chapelle, hay dos maneras de mirar la catedral gótica. Por dentro, el espacio gótico es casi mágico, gracias a la luz coloreada de las vidrieras y a la ligereza de su estructura. Pero esta estructura interior es tan ligera porque los arbotantes y contrafuertes, que son los que realmente resisten los empujes de las bóvedas, van por fuera.

Por fuera, las catedrales góticas son sólidas, y muestran sin rubor su osamenta, con su ritmo vertical de contrafuertes acentuados por los pináculos. Estas dos caras de la catedral gótica son contrapuestas. Desde dentro nunca podemos ver los contrafuertes. Desde fuera nunca podemos ver la magia del espacio interior. Es una estructura de dos caras complementarias, que nunca se tocan. Materialidad por fuera, ilusión gravitatoria por dentro.

Y algo parecido ocurre en el Crown Hall. En este edificio de Mies, la transparencia del vidrio sí nos permite ver la relación entre el interior y el exterior [9]. Pero también se observan dos imágenes contrapuestas, según miremos el edificio desde fuera, o desde dentro. El esqueleto monumental se enseñorea en el exterior del Crown Hall. Pero cuando estamos en su interior no hay vigas monumentales, sino un techo inmaterial y blanco que permanece suspendido en el aire. (fig.148).

Veámoslo con detalle. La gran sala tiene unos 5,50 metros de altura libre. Su suelo es de terrazo negro y el cerramiento, hasta los 2,40 metros, es de vidrio translúcido. Pero por encima de ese nivel, el cerramiento de vidrio transparente deja pasar la luz sin ninguna condición [10]. Y cubriendo todo el espacio, el plano blanco del techo, que en contraste con el suelo negro parece aún más luminoso. A la ligereza del techo se une el detalle de su encuentro con el cerramiento de vidrio, que no se ha dejado al azar. Mies abre un foso en todo su perímetro de manera que, al

Figura 148. Crown Hall. Vista desde el interior

igual que en la casa Farnsworth, no parece haber contacto entre el techo y las columnas. No hay *sustinere*. No hay expresión de la sustentación, sino una sucesión de columnas pasantes que no intersecan con el plano horizontal del techo. Este plano blanco no está sustentado, sino suspendido en el aire como por arte de magia. No hay estructura aparente que le dé soporte (fig. 149 y 150).

Hay por tanto una doble lectura del Crown Hall. Desde fuera, una estructura monumental y dominante. Desde dentro, una estructura ausente, una ilusión de la Gravedad [11].

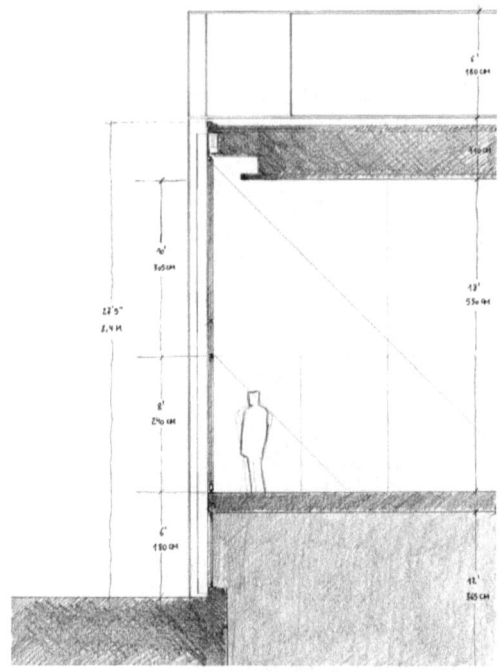

Figura 149. Sección del Crown Hall con el foso perimetral en el falso techo

Figura 150. Columnas pasantes que no intersecan con el techo

La columna robada de la Galería Nacional de Berlín

Entre 1950 y 1951, Mies diseñó un prototipo de casa que aspiraba a dar solución a la apremiante demanda de viviendas en Europa y América. Conocida como la Casa 50'x50' por las dimensiones de su planta en pies, este prototipo de vivienda acristalada, con planta cuadrada, era fácilmente asumible por los estándares de construcción industrial en serie gracias, entre otras cosas, a su estructura sencilla y radical. El techo descansaba en cuatro columnas, situadas en los puntos medios de sus lados, y las cuatro esquinas quedaban libres y en voladizo. El cerramiento de cristal se llevaba al borde exterior, de manera que el aspecto era el de una casa-caja, semicúbica, pura y transparente [12] (fig.151).

Esta casa no se llegó a construir, pero el esquema estructural le sirvió a Mies para proyectos posteriores de mayor escala, como el Convention Hall de Chicago, proyectado entre 1953 y 1954, las oficinas Bacardi de Cuba, proyecto de 1957 (fig.152), y el Museo Schaefer en Schweinfurt, proyectado entre 1960 y 1963. En todos ellos hay una cubierta monumental y cuadrada, sostenida por columnas perimetrales, y con las esquinas libres y en voladizo. El cerramiento de vidrio, sin embargo, ya no va por fuera y enrasado, sino retranqueado.

Y como alternativa a esta solución, Mies proyectó y construyó dos pabellones con columnas y cerramiento en las esquinas; la Oficina de Correos del Federal Center de Chicago, entre 1959 y 1964 (fig.153), y el Banco del Toronto Dominion Center, entre 1963 y 1969 (fig.154). El maestro alemán estaba trabajando alternativamente con dos soluciones aparentemente opuestas. En la primera opción, las esquinas desaparecen, pues ni hay columna de esquina, ni hay cerramiento que las defina. En la segunda, las esquinas están sólidamente configuradas.

Después de varios intentos, pudo poner en pie su proyecto de Pabellón monumental con las esquinas libres. En 1962 recibe el encargo para la Nueva Galería Nacional de Berlín, el museo que alojaría la colección de arte del siglo XX de la ciudad (fig.155). Qué mejor programa para un espacio único, diáfano, sin columnas, en el que los cuadros y esculturas se pueden disponer libremente y con relación al paisaje circundante.

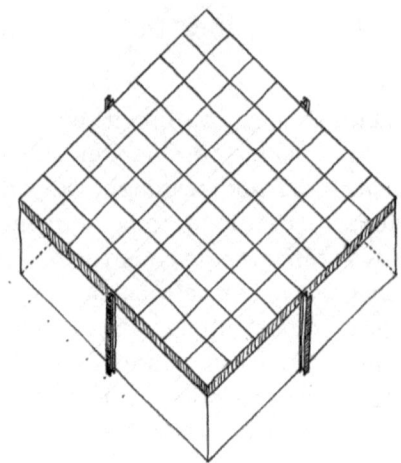

Figura 151. Casa 50'x50'

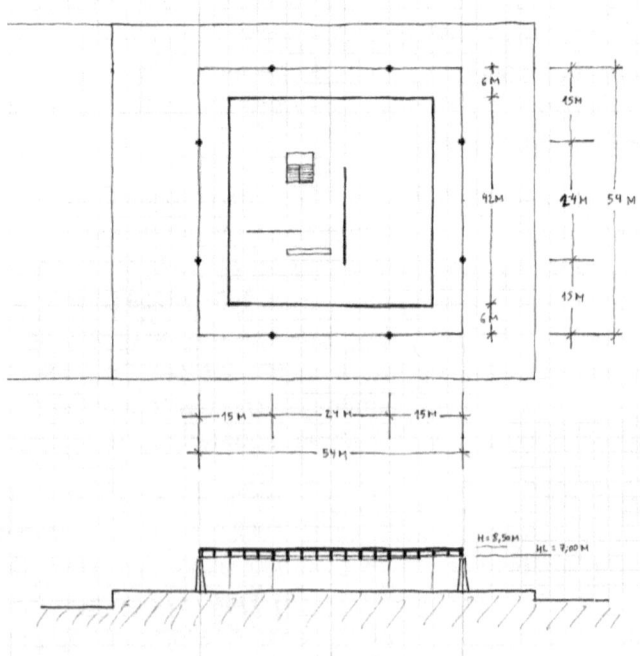

Figura 152. Oficinas Bacardi en Santiago de Cuba

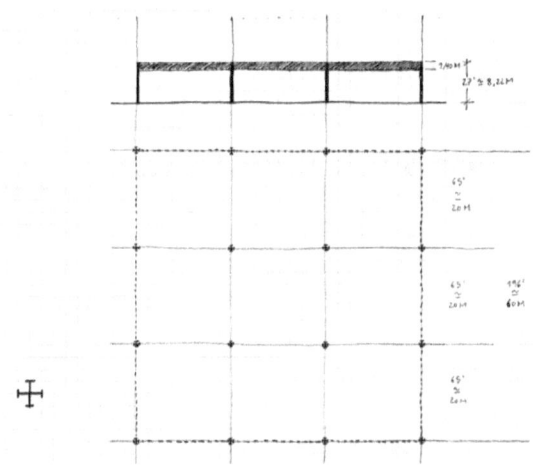

Figura 153. Oficina de correos del Federal Center de Chicago

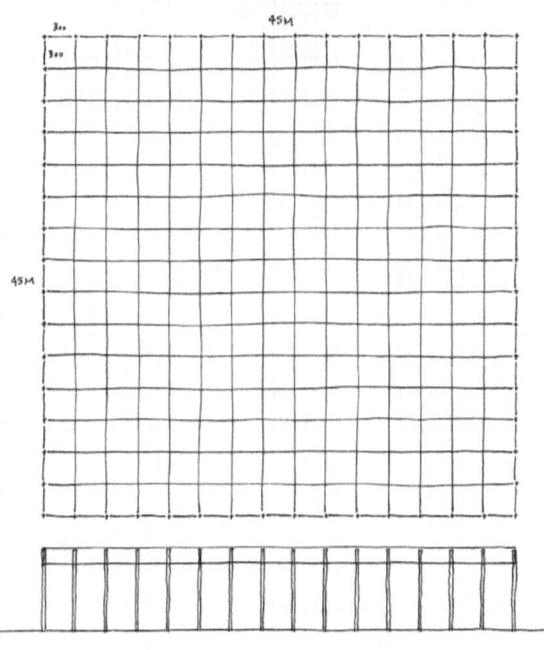

Figura 154. Pabellón del Toronto Dominion Center

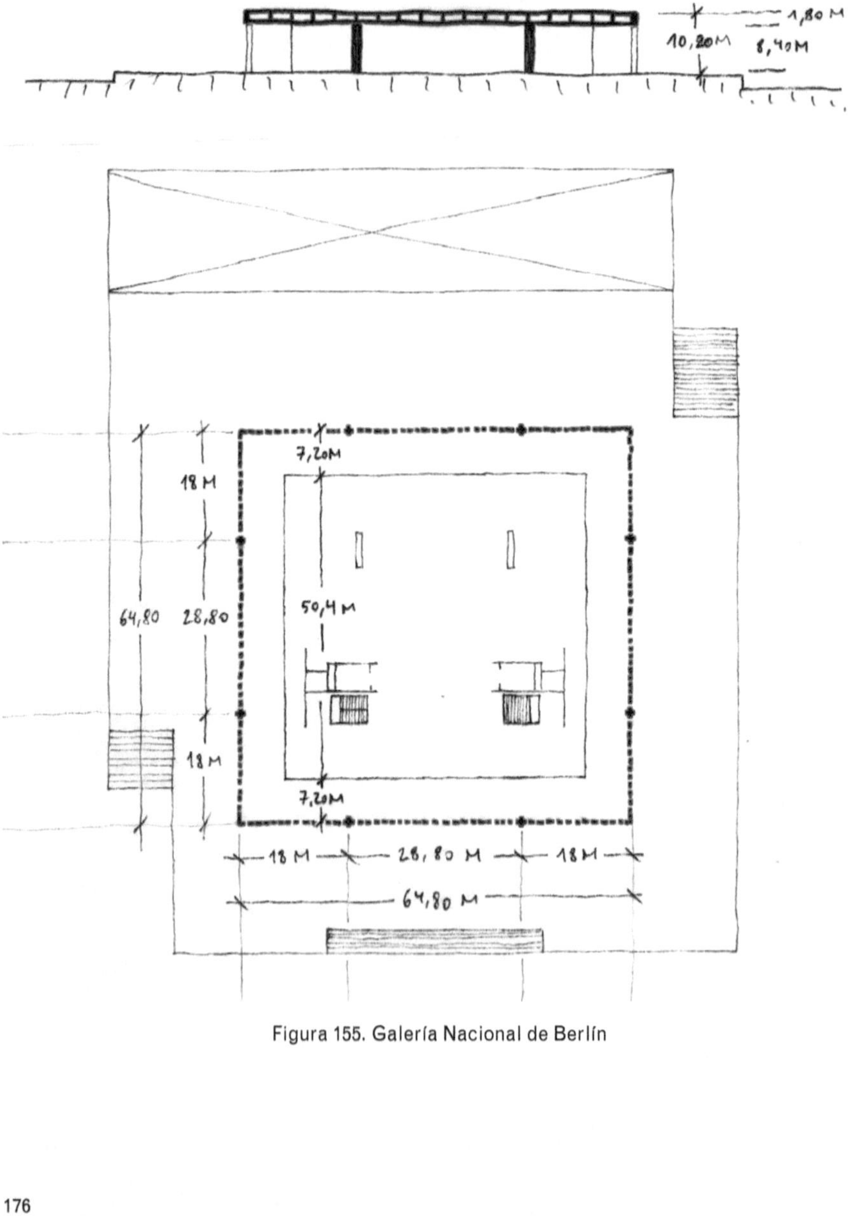

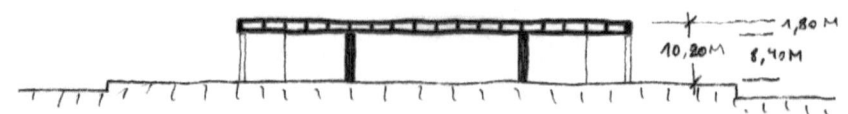

Figura 155. Galería Nacional de Berlín

Cubriendo todo este espacio, se coloca una enorme cubierta cuadrada, sostenida por ocho columnas cruciformes. Y en el semisótano, un gran podio que aloja las salas para la exposición permanente. En resumen, la Nueva Galería Nacional de Berlín es una mesa monumental sobre un podio.

El tablero de esta mesa, la gran cubierta, es un cuadrado de acero de 64,80 metros de lado, compuesto por una retícula ortogonal de vigas de alma llena a la vista. Las vigas, de 1,80 metros de canto, están dispuestas cada 3,60 metros, cubiertas en su parte superior por una chapa continua a modo de capa de compresión, y reforzadas en su parte inferior con un palastro a modo de ala inferior, que impide el pandeo. Suspendida a 8,40 metros del suelo, esta monumental cubierta descansa (mediante uniones articuladas que más adelante explicaremos) en ocho columnas cruciformes de acero, con sección de cruz potenzada y perfil ligeramente inclinado (fig. 156 y 157).

Aparentemente, lo que vemos es un techo suspendido en el aire, que apenas tiene soportes, y con las esquinas en pleno vuelo (fig.158). Nada que ver con la esquina del Edificio de Correos del Federal Center, o con la esquina del Pabellón del Toronto Dominion Bank (fig.159). Y es que, al quitar las columnas de esquina para dejarlas en voladizo, al reducir ostensiblemente el número de soportes verticales, el vínculo con la tierra, con la Gravedad, se desvanece. Pero para entender bien la radicalidad de esta esquina, deberíamos compararla con otra esquina liberada, por ejemplo, la del Club Náutico de Sao Paulo, diseño de Vilanova Artigas (fig.160).

Vilanova Artigas también retira, como Mies, el pilar de esquina, pero, a cambio, coloca una viga triangular, con el canto creciente, más ligero en su borde y más robusto en el apoyo, donde los esfuerzos son mayores. Esta viga triangular nos está contando los esfuerzos a los que está sometida, nos está diciendo con el progresivo aumento de su canto que está trabajando en voladizo. Sin embargo, la losa que emplea Mies permanece horizontal y con su canto constante, tanto en la zona del apoyo como en la zona en voladizo. No hay en esta losa expresión del esfuerzo, y da la sensación de que el edificio ha asumido la pérdida del pilar de esquina sin apenas inmutarse. Mies consigue con un canto

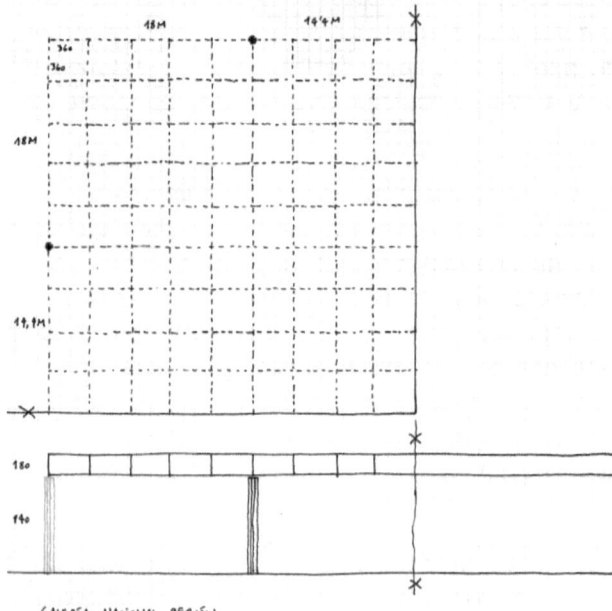

Figura 156. Galería Nacional de Berlín. Detalle de estructura

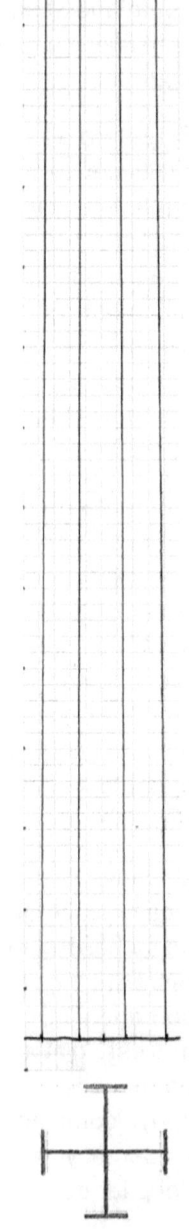

Figura 157. Columna de la Galería Nacional de Berlín. Sección y alzado

Figura 158. Galería Nacional de Berlín. Vista desde el interior

Figura 159. Pabellón del Toronto Dominion Bank. Vista desde el interior

Figura 160. Club náutico de Sao Paulo. Vilanova Artigas

relativamente pequeño, 1.80 metros, un voladizo sorprendente de 18 metros de longitud. El voladizo de Vilanova Artigas es expresivo, no es tan sutil como el abstracto voladizo de Mies. Vilanova Artigas cambia un pilar por una viga acodalada, pero a Mies parece que alguien le hubiera robado la columna de esquina y, aun así, por arte de magia, el edificio se mantiene en pie (fig. 161 y 162).

También debemos tener en cuenta la proporción del voladizo. Compararemos este edificio de Mies con el edificio Bacardi de Bermuda, una versión de la Galería Nacional de Berlín proyectada por Ricardo Eguilior y construida en 1972 (fig. 163 y 164). Su alzado principal mide 36 metros de longitud, frente a los 64,8 metros de la Galería Nacional de Berlín. La distancia entre sus columnas es 18 metros. Y los voladizos laterales son de 9 metros. Es un edificio más pequeño que el de Berlín. Sin embargo, no es sólo una cuestión de dimensiones lo que los diferencia, sino una cuestión de proporciones. El espesor de la cubierta es similar en ambos casos, alrededor de 1.8 metros, y la consecuencia inmediata es que la cubierta de Berlín es más esbelta que la cubierta de Bermuda. Y la proporción del voladizo en Berlín es más horizontal. La relación entre la longitud del vuelo y la altura libre bajo la cubierta es 2 a 1 en la Galería Nacional de Berlín y 3 a 2 en el edificio de Bermuda. Con estas proporciones, Mies está tensando aún más, si cabe, la ligereza de su vuelo.

Veamos también cómo descansa la cubierta en las columnas. En el edificio de Bermuda, el contacto entre cubierta y columna es directo, un apoyo simple y continuo. Sin embargo, en Berlín, hay una rótula de transición entre techo y columna. Una unión articulada que transmite el peso de la cubierta, pero no sus momentos flectores. Y esa rótula permanece en sombra en el eje de la columna [13]. La columna se corona sin que haya un contacto aparente con el techo (fig.165).

Justo lo contrario de lo que intenta el arquitecto griego en la columna de sus templos dóricos. Viollet le Duc [14] nos lo explica muy bien:

> *"El ábaco del capitel muestra la mayor parte del día una sombra sobre la parte superior de la columna que no permite distinguir la unión del capitel con la columna. La sombra debajo del ábaco es dura y la parte superior de la columna no puede ser apreciada por el ojo, y parece entonces que el arquitrabe no descansa sobre una for-*

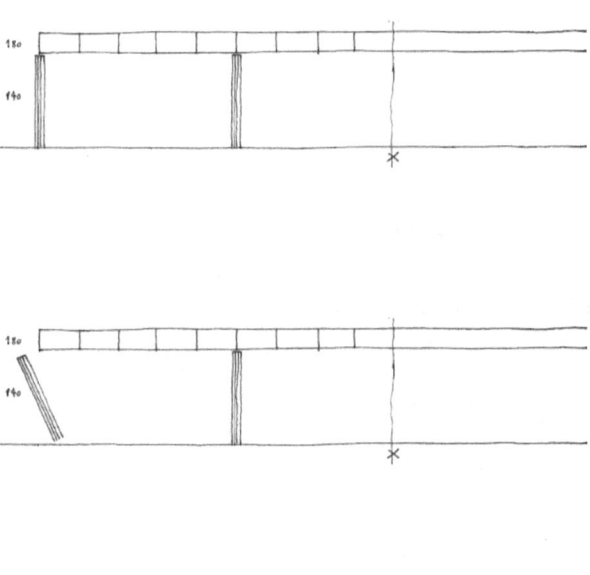

Figura 161. La columna "robada" de la Galería Nacional de Berlín

Figura 162. Galería Nacional de Berlín. Vista de la esquina desde el exterior

Figura 163. Edificio Bacardi en Bermuda. Arquitecto, Ricardo Eguilior

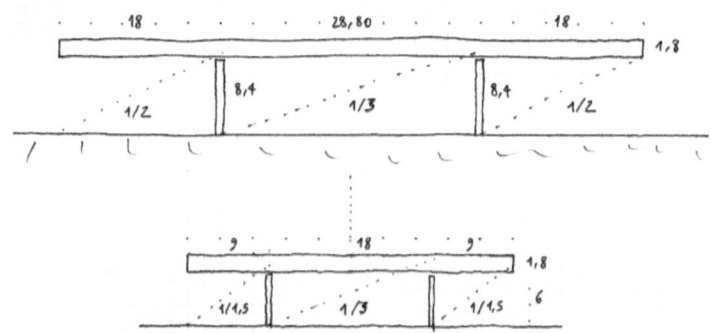

Figura 164. Galería Nacional vs Edificio Bacardi en Bermuda

Figura 166. Capitel dórico. El equino es el elemento de transición entre el fuste de la columna y el ábaco sobre el que descansa el arquitrabe.

Figura 165. Edificio Bacardi en Bermuda. Arquitecto, Ricardo Eguilior

ma sólida. Y para resolver este efecto viene el equino con su forma curva, de modo que en los puntos de tangencia el extremo curvado del equino recibe también luz. Y así se funde la luz demasiado viva del ábaco con la sombra demasiado marcada que proyecta sobre el fuste de la columna. Y el equino se inclina para que su superficie reciba tanta luz como sea posible, bien directa del sol, bien de los reflejos del suelo o de los muros vecinos" (fig.166).

En la Galería Nacional de Berlín, la rótula dispuesta entre el arquitrabe de acero y la columna se oculta en la sombra. Usando las palabras de Viollet le Duc, esa sombra sobre la parte superior de la columna no permite distinguir su unión, y parece entonces que el arquitrabe no descansa sobre una forma sólida. Parece que el arquitrabe de acero permanece suspendido en el aire. Mies nos ofrece una nueva ilusión de la Gravedad por omisión del elemento sustentante, y se sitúa en la tradición de la cúpula de Santa Sofía, de la capilla Pazzi, o de tantos otros ejemplos en la historia de la Arquitectura que persiguen disponer los pesos en el aire.

ADENDAS Y CONCLUSIÓN

LA COLUMNA ADECUADA

En el siglo XV a.C., hace ya más de 3.500 años, estudiaba la reina Hatshepsut con su arquitecto, Senmut, cómo debían ser las columnas de su templo funerario. Construido en el complejo de Deir el Bahari, en la franja occidental del río Nilo, al templo se accedería por tres terrazas escalonadas, de manera que el visitante, desde la lejanía, vería las fachadas de las tres terrazas y, al fondo, como si del escenario de un decorado se tratara, la imponente montaña con su pared escarpada, casi vertical (fig.167). Dudaba la reina si las columnas de los pórticos debían ser de planta cuadrada o circular, pero el arquitecto lo tenía bastante claro. En este caso debían ser cuadradas. Senmut pensaba que el templo debía fundirse con la montaña, como si estuviera excavado en la roca, y por eso los pórticos de las terrazas tenían que estar compuestos por pilastras cuadradas, con sus caras exteriores visualmente unidas con las de las vigas, conformando un plano vertical continuo. Así daría la impresión de una fachada horadada en la roca, y no de una sucesión de columnas talladas por el hombre (fig.168).

Esta idea la recogería años después Leon Battista Alberti en su libro *De Re Aedificatoria*, en el año 1452 de nuestra era [1]. Un pórtico de pilares cuadrados con arcos da la impresión de un plano horadado, porque las caras delanteras de los pilares se funden con el plano de los arcos. Sin embargo, en un pórtico de columnas circulares no ocurre lo mismo, pues la columna circular no se funde con la viga, sino que conserva su individualidad (fig.169).

Al final, como bien sabemos, el templo de Hatshespsut se construyó con sus planos aterrazados conformados por pilastras cuadradas, dando la sensación de un templo excavado en la roca, y hoy día es conocido como *Djeser-Djeseru (la maravilla de las maravillas)*. Pero en los pórticos laterales de la terraza principal, los que no tienen como fondo la montaña, las columnas son circulares, como queriendo dejar constancia de la leyenda que aquí se explica (fig.170).

Si algo podemos aprender de esta historia, es que la forma de una columna es muy importante. Y que es clave cuando el arquitecto quiere transmitir una idea clara no sólo de su estructura, sino también de su arquitectura.

Figura 167. Templo de Hatshepsut

Figura 168. Templo de Hatshepsut. Detalle del pórtico con las pilastras de sección cuadrada

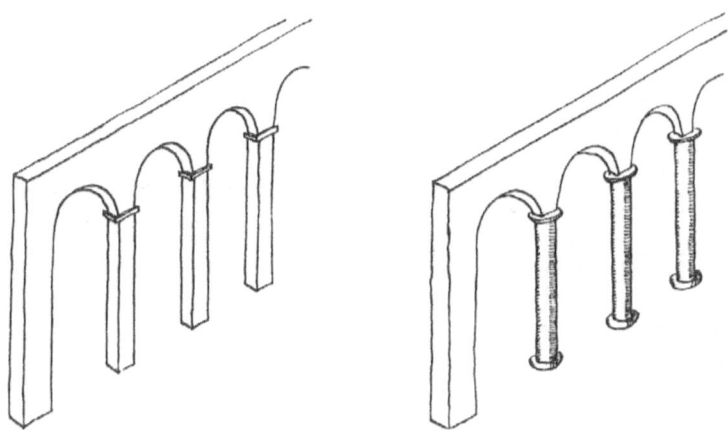

Figura 169. Arquería sobre pilares vs Arquería sobre columnas

Figura 170. Pórtico lateral del Templo de Hatshepsut, con las columnas de sección circular

Figura 171. Columna de la Galería Nacional de Berlín
con su característica sección de cruz potenzada

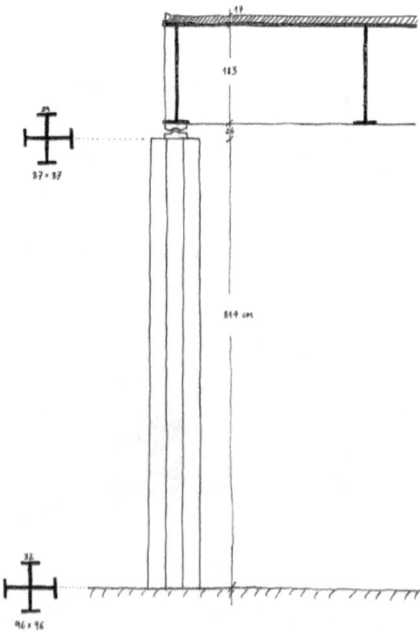

Figura 172. Columna de la Galería Nacional de Berlín. Alzado, sección
en su base y en su coronación y encuentro con la losa de cubierta.

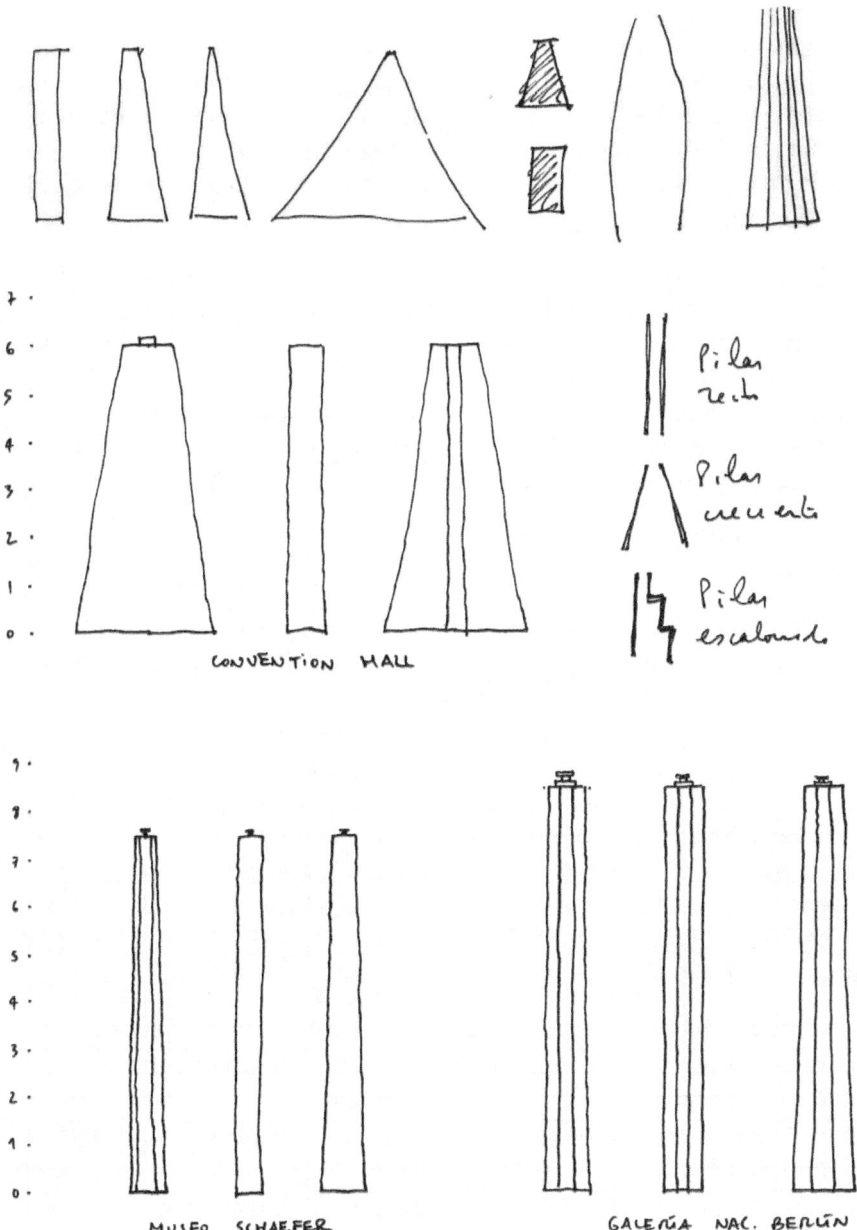

Figura 173. Debajo, a la derecha, distintas soluciones para la columna de la Galería Nacional de Berlín. La primera por la izquierda fue la finalmente elegida.

El propio Vitruvio, en sus *Diez Libros de Arquitectura*, pone por escrito la importancia que le daban los arquitectos griegos a la forma y decoración de sus columnas [2]. Y Viollet le Duc, en sus *Conversaciones*, incide aún más en esta idea [3]. A lo largo de la Historia de la Arquitectura muchos arquitectos se han preguntado cuál era la columna adecuada para la idea que querían transmitir.

Mies van der Rohe entendió muy bien la importancia de la forma de la columna, y durante su carrera investigó hasta cien tipos de columnas diferentes que varían su forma, material, proporciones, color y disposición: cuadradas, rectangulares, cilíndricas, prismáticas, troncocónicas, troncopiramidales, con forma de cruz griega, cruciforme con brazos en T, ahusadas, rectas, en H, blancas, negras, de acero, de aluminio, de hormigón, de bronce, y muchas más.

Veamos el ejemplo de la columna de la Galería Nacional de Berlín (fig. 171 y 172).

La columna de Berlín es una columna de sección cruciforme con los brazos en T (cruz potenzada), de acero pintado en color negro y con el fuste ligeramente inclinado. La cruz tiene 87 centímetros de lado en su coronación y 96 centímetros de lado en su base. Mies estudió en profundidad esta columna y, antes de llegar a la solución final, pasó por un gran número de variantes [4] (fig.173). Pero este ligero crecimiento de la sección a medida que se acerca a la base no parece corresponder con una necesidad mecánica. Si la columna fuera recta, conservando la sección en cruz de 87 centímetros de lado a lo largo de todo su fuste, probablemente resistiría bien las solicitaciones a las que está sometida (fig. 174, 175, 176, 177, 178).

Y si este ensanchamiento no es necesario, si no corresponde estrictamente a la función sustentante de la columna, desde luego lo que sí hace es responder a la idea que Mies quiere transmitir. Está respondiendo puntualmente al precepto vitruviano [5] que afirma que *"está perfectamente estatuido que, tanto en altura como en grosor, las partes superiores sean más delgadas que las inferiores"*. Está aligerando la estructura a medida que se alza a recoger el peso de la cubierta. Y a la vez, está enfatizando la idea de sustentación de las columnas con su ensanchamiento en la base.

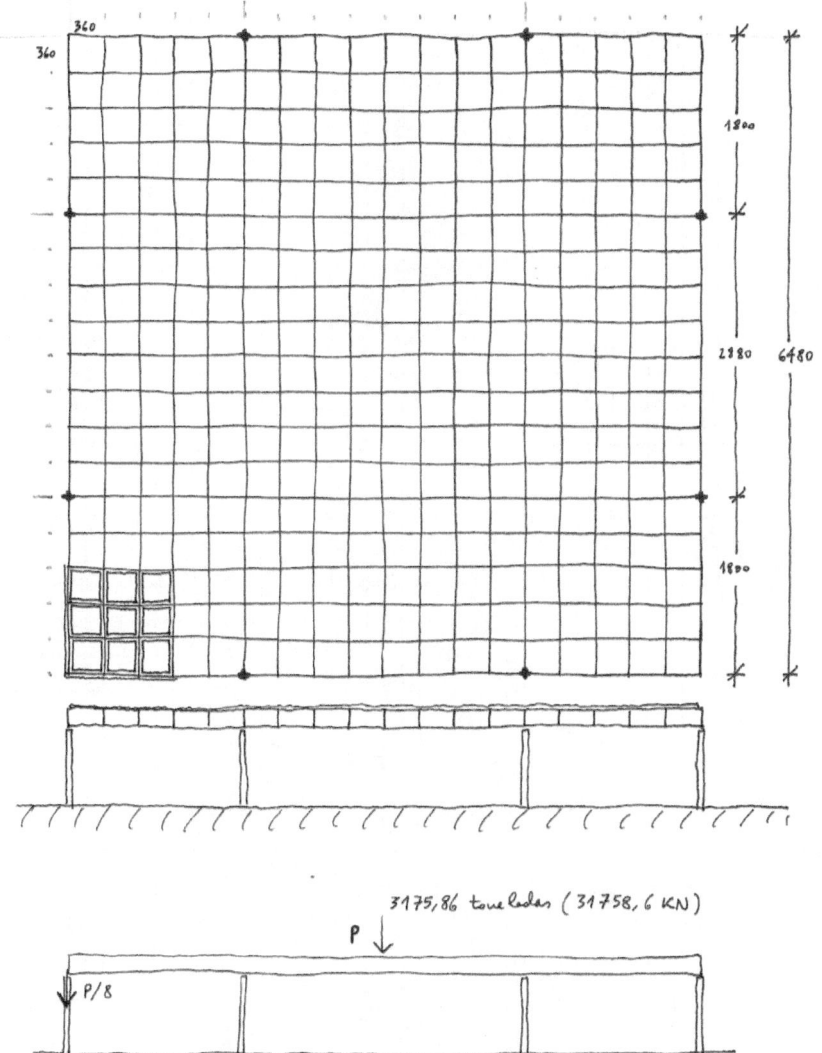

Figura 174. Galería Nacional de Berlín. Peso propio de la cubierta incluyendo la sobrecarga de nieve. El peso de la estructura de acero es 2281,76 toneladas. El peso de la capa de compresión es 468,34 toneladas. Y la sobrecarga de nieve 425,76 toneladas. Total, 3175,86 toneladas. Los datos de cálculo son los siguientes: densidad del acero, 7850 kg/m3; densidad del hormigón, 2200 kg/m3; sobrecarga de nieve, 100 kg/m2 (1 kN/m2); área de la cubierta, 4257,56 m2; alma de las vigas de acero, 177 cm; ala inferior, 45 cm (se considera que el ala superior es un chapón continuo que ocupa todo el área de la cubierta); espesor de chapa, 3 cm; espesor de la capa de compresión, 5 cm.

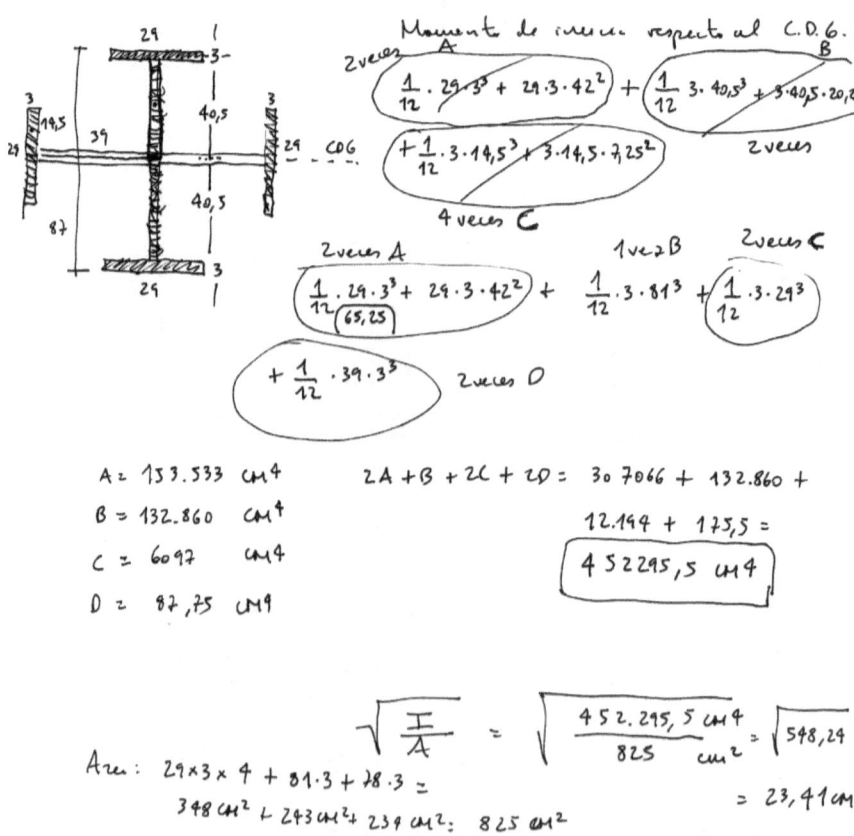

Figura 175. Cálculo del radio de giro "i", en la parte superior de la columna, donde la sección cruciforme se inscribe en un cuadrado de 87x87 cm. El área A de la sección es 825 cm2. El momento de inercia I es 452295,5 cm4. El radio de giro i=√(I/A) es 23,41 cm

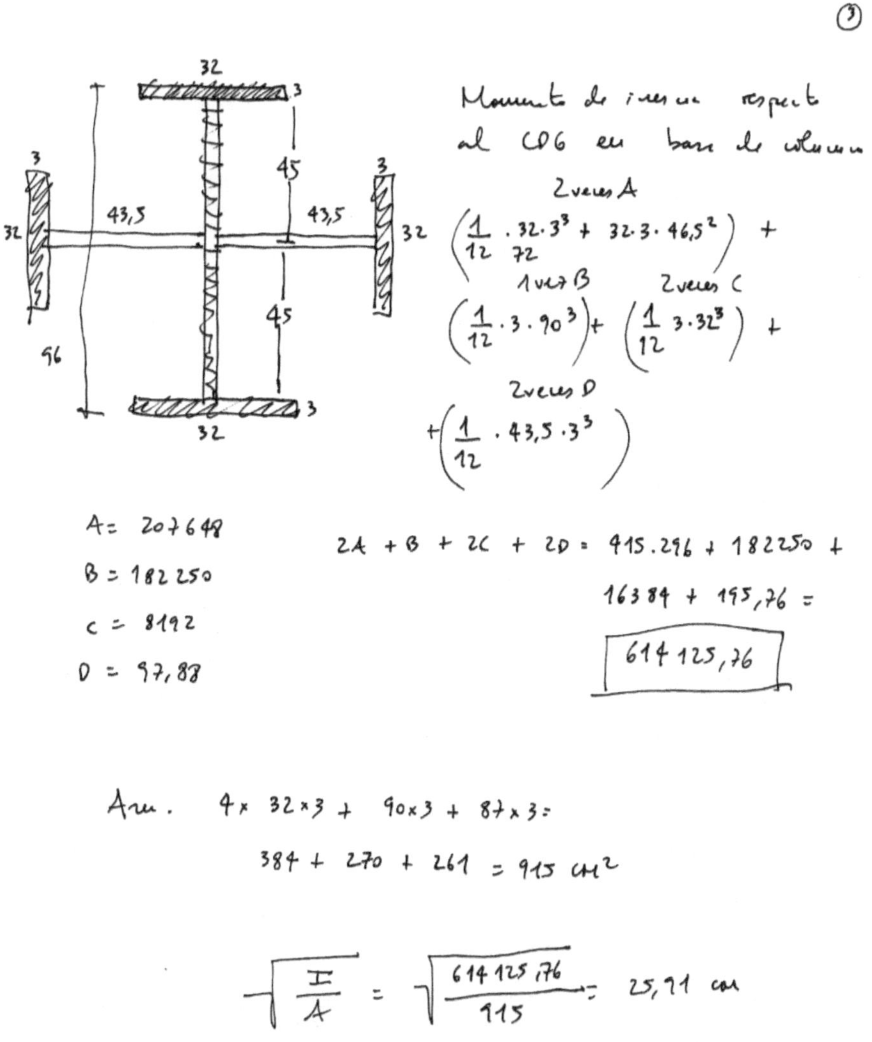

Momento de inercia respecto al CDG en base de columna

$$2\text{ veces }A$$
$$\left(\frac{1}{12}\cdot 32\cdot 3^3 + 32\cdot 3\cdot 46{,}5^2\right) +$$

$$1\text{ vez }B \qquad 2\text{ veces }C$$
$$\left(\frac{1}{12}\cdot 3\cdot 90^3\right) + \left(\frac{1}{12}\cdot 3\cdot 32^3\right) +$$

$$2\text{ veces }D$$
$$+\left(\frac{1}{12}\cdot 43{,}5\cdot 3^3\right)$$

$A = 207648$
$B = 182250$
$C = 8192$
$D = 97{,}88$

$2A + B + 2C + 2D = 415.296 + 182250 +$
$16384 + 195{,}76 =$

$$\boxed{614\,125{,}76}$$

Área. $4\times 32\times 3 + 90\times 3 + 87\times 3 =$
$384 + 270 + 261 = 915\ cm^2$

$$\sqrt{\frac{I}{A}} = \sqrt{\frac{614\,125{,}76}{915}} = 25{,}91\ cm$$

Figura 176. Cálculo del radio de giro en la base de la columna, donde la sección cruciforme se inscribe en un cuadrado de 96x96 cm, aproximadamente un 10% superior al área de la columna en su coronación. El área A de la sección es 915 cm2.
El momento de inercia I es 614125,76 cm4. El radio de giro i es 25,91 cm

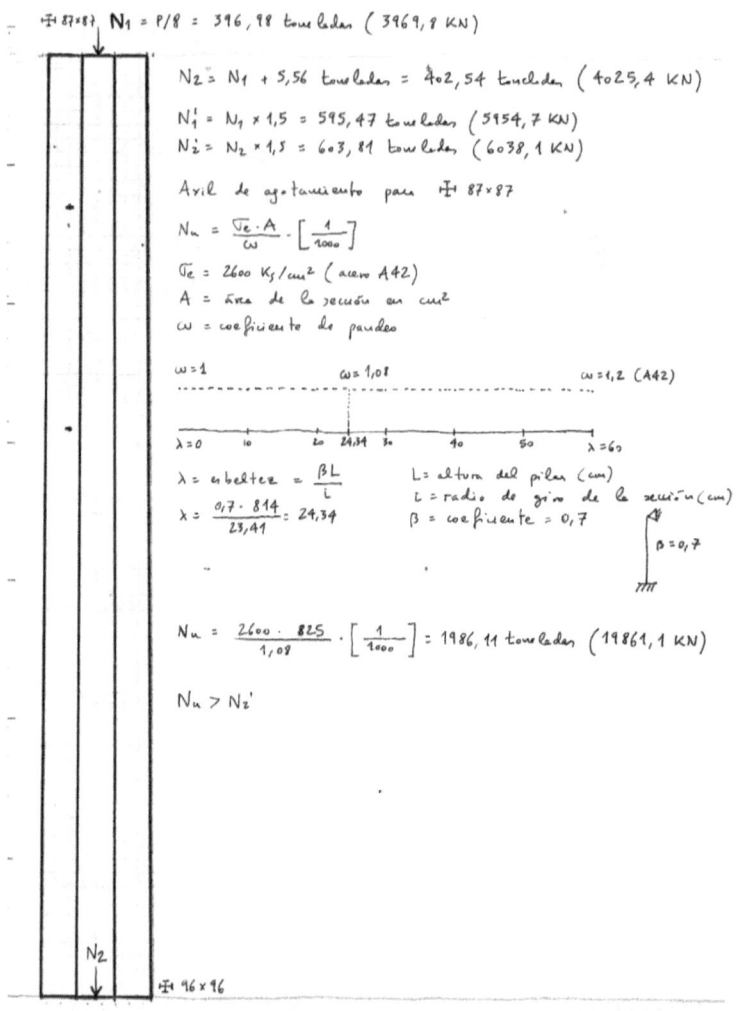

Figura 177. Cálculo del axil de agotamiento de la columna, suponiendo que su perfil fuera recto y su sección constante, una cruz potenzada de 87 centímetros de lado. Considerando que el peso de la columna es 5,56 toneladas, el axil N2 en la base de la columna es 402,54 toneladas. El axil mayorado es N2' igual a 603,81 toneladas. Ésta es la solicitación máxima en la base de la columna. El axil de agotamiento de la sección cruciforme de 87x87 cm es $Nu = (\frac{\sigma_e \cdot A}{\omega})$ =1986,11 toneladas, más de tres veces superior. Esto demostraría que no es necesario que la sección cruciforme en la base de la columna sea de 96x96 cm. Los datos que se han tenido en cuenta para el cálculo son los siguientes: Acero A42, con una tensión admisible de 2600 kg/cm2 (260N/mm2). Se considera una carga centrada y que la cubierta no transmite momentos a la columna gracias a la rótula de transición entre ambas. Las columnas se consideran empotradas en su base y articuladas en cabeza.

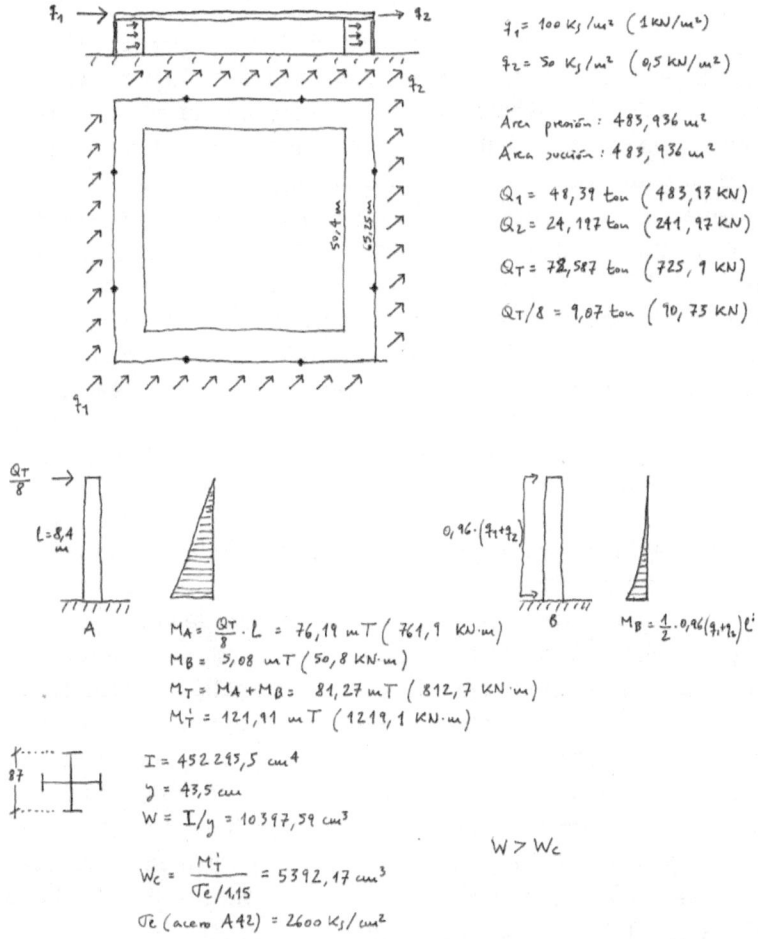

Figura 178. Comprobación de la resistencia de la columna a la acción del viento. Se considera un viento con dirección a 45°, de manera que la superficie expuesta es máxima. La sobrecarga en zona de presión es q1 = 1 kN/m2. La sobrecarga en zona de succión es q2 = 0,5 kN/m2. Estos valores son superiores a los que da el Eurocódigo 1 para Berlín. También se ha considerado que la carga total de viento (presión + succión), se reparte por igual entre las ocho columnas. A esta solicitación (A), se le ha sumado la acción directa del viento sobre la propia columna (B). El momento de cálculo, en la base de la columna, se ha obtenido considerando que la columna está empotrada en su base, y libre en su coronación. Y se ha mayorado 1,5 veces. La conclusión es que el módulo resistente exigido Wc es igual a 5392,17 cm3, la mitad del módulo resistente que tiene la sección cruciforme de 87x87 cm, que asciende a 10397,59 cm3. Esto querría decir que no sería necesario aumentar la base de la columna a una cruz de 96x96 cm. Se ha considerado un acero A42 con tensión admisible de 2600 kg/cm2 (260 N/mm2)

Pero aún hay más. Volvamos cuarenta años en el tiempo, a la columna cruciforme del Pabellón de Barcelona (fig.179). Esa columna era poco eficiente. La mayor parte de su acero estaba en el centro. Si las cuatro L de acero que la conforman se hubieran girado, habrían formado un cuadrado en vez de una cruz, habrían formado una sección más resistente. Pero Mies no quería una columna de sección cuadrada. Quería una columna con entrantes y salientes. Quería deshacer la esquina. Quería que la luz y la sombra jugaran en la superficie de su columna como lo hacen en Atenas, en las acanaladuras de las columnas del Partenón. Y en Berlín vuelve Mies a deshacer la esquina de la columna, vuelve a poner aire donde se supone que habría acero. Y vuelve a pintar sus columnas con luz y sombra. Pero ahora lo hace, cuarenta años después, con una columna resistente, con el acero no en el centro de la columna, sino en sus bordes. Una columna con mucha inercia, que vuelve a desmaterializarse con la luz (fig.180).

La columna de Berlín es muy especial, y nos recuerda a la columna griega, con sus acanaladuras (los huecos entre las alas de la cruz de acero), y con su éntasis (el ligero ensanchamiento de la sección). Es una columna que representa la idea de la Gravedad, pues su fuste al ensancharse no hace sino seguir la ley del racionalismo estructural (a medida que nos acercamos a la tierra el peso aumenta, y la sección debe aumentar para resistir la carga). Es una columna que representa la idea de la Construcción, pues con la rótula que la corona convierte el apoyo de la viga en un hecho solemne. Es una columna libre, escultórica, pues el sustento de la viga no impide que el cielo la recorte en su cabeza. Es una columna que no se retranquea, sino que se yergue con orgullo en la fachada del edificio. Es una columna serena, perfectamente proporcionada: su diámetro es aproximadamente la mitad del canto de la viga, y el voladizo que soporta mide aproximadamente dos veces la longitud de su fuste. Es una columna muy hermosa (fig.181).

Aquí el arquitecto alemán eleva una columna a la categoría de arte. Una columna aparentemente sencilla, formada por palastros de acero y pintada de negro, se convierte en Historia de la Arquitectura. Un perfil al alcance de cualquier arquitecto del que él, como buen genio, saca el mayor de los partidos.

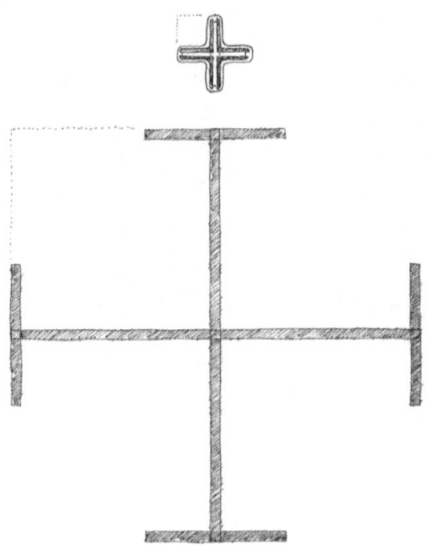

Figura 179. Dibujo a escala de la columna del Pabellón de Barcelona (arriba), y la columna de la Galería Nacional de Berlín (debajo)

Figura 180. Luz, sombra propia y sombra arrojada en la columna de la Galería Nacional de Berlín

Figura 181. Columna de la Galería Nacional de Berlín. Fotomontaje

Mies nos demuestra que la columna no es sólo un elemento tectónico, sino también plástico, o si se quiere, artístico. Es francamente emocionante ver cómo la columna evoluciona en la obra de Mies, cómo llega a convertirse en un acontecimiento. En una época en la que parece que la Arquitectura se ha aburrido de sí misma, y huye hacia lo irracional, Mies nos recuerda que vayamos a la raíz de la Arquitectura, a su esencia. Que todavía hay camino por recorrer en la Arquitectura esencial. La de verdad.

LAS CIEN COLUMNAS DE MIES

Alejandro III de Macedonia siempre recordaría con pesar la orden de destruir la capital persa en aquel día fatídico del año 330 a.c. El incendio y el saqueo acabaron con la gran Apadana, la sala de audiencias de Darío I, con sus setenta y dos columnas de piedra de veinte metros de altura, y sus capiteles rematados con figuras de toros y leones. Tampoco hubo compasión con el Salón del Trono de Jerjes, la Sala de las Cien Columnas, una sala hipóstila cuadrada, de setenta metros de lado, conformada por una retícula cuadrada de 10x10 columnas [1].

Mientras Persépolis ardía, el joven emperador macedonio recordaba las clases de Aristóteles. El filósofo griego le había hablado del Palacio Persa y de otras muchas arquitecturas famosas por sus columnas, como el formidable Templo de Amón en Karnak, con sus ciento treinta y cuatro columnas colosales, o el más cercano Templo del Partenón, con su extraordinario peristilo de cuarenta y seis columnas dóricas. Y también le había enseñado que la columna no sólo sostenía el peso de aquellas estructuras, sino también su Belleza. Pero el deseo de venganza del pueblo griego había vencido a su amor por la hermosura. Nunca nadie más podría contemplar el monumental Palacio de Persépolis.

Lo que no se destruyó en aquel aciago día, fue la idea de la Columna como elemento esencial de una Arquitectura que quiere alcanzar la Belleza. Muchos arquitectos lo han entendido muy bien a lo largo de la Historia: Vitruvio, Apolodoro de Damasco, Antemio de Tralles, Isidoro de Mileto, Bramante, Miguel Ángel, Bernini, Christopher Wren, Schinkel, y muchos más.

También Mies van der Rohe lo entendió muy bien. Tanto, que dedicó su vida y su obra a investigar sobre la columna como elemento esencial de la Arquitectura. Su repertorio es tal que, a lo largo de su carrera, llegó a ensayar con hasta cien tipos distintos de columnas (fig.182). Columnas circulares, cuadradas y cruciformes. Columnas de hormigón, de ladrillo y de acero. Columnas blancas, negras o de acero cromado. Columnas rectas, henchidas o ahusadas. Columnas adosadas, retranqueadas o adelantadas. Columnas esbeltas, gruesas o monumentales. Columnas vistas, ocultas o ilusorias. Veamos algunos ejemplos.

Columnas ocultas

Las columnas de la casa Esters y la casa Lange, en Krefeld, son columnas tímidas, que prefieren quedar en un segundo plano. O bien quedan embutidas en los muros de ladrillo para que no se vean, o se confunden con las carpinterías de las ventanas, o se pintan de color negro y se camuflan con la sombra de los porches.

Las columnas de la Weissenhofsiedlung de Stuttgart también se esconden en los muros de los cerramientos, cubiertas por el ladrillo y por el revoco de cemento, y pintadas del mismo color blanco del resto de la fachada.

Columnas vistas

En la casa Tugendhat, en Brno, Mies emplea tres tipos de columnas cruciformes, todas a la vista. Columnas blancas en las zonas de servicio, columnas negras en las zonas exteriores y columnas de acero cromado en la sala de estar. Las columnas blancas están formadas por cuatro "L" de acero unidas entre sí en forma de cruz, de manera que toda la masa de la columna se concentra en su centro de gravedad. No es la mejor solución desde el punto de vista mecánico, pero tiene otras ventajas formales. Como están en las zonas de servicio, a Mies no le preocupaba en exceso su acabado, así que decide pintarlas de blanco, sin más. De los tres tipos de columnas que Mies emplea en la casa Tugendhat, éstas son las más esbeltas, las más tensas, y las únicas sin revestir.

En las zonas exteriores las columnas en cruz se forran con una camisa cruciforme de acero, con los brazos redondeados y de color negro. El color negro hace que estas columnas se vean menos, al estar rodeadas de la sombra de los porches.

En la sala de estar se emplea la misma camisa cruciforme, pero esta vez en acero cromado brillante y reflectante. Los brillos y reflejos confieren a estas columnas una apariencia irreal, atectónica e inmaterial. Como si no fueran elementos resistentes.

Columnas "falsas"

En el Alumni Memorial Hall del Instituto Tecnológico de Illinois, Mies coloca sobre la verdadera estructura una subestructura de columnas de acero en H sin función resistente. La estructura falsa, que no resiste, oculta a la estructura verdadera, que sí resiste. Y las proporciones de la falsa estructura vencen a las proporciones de la estructura real. La estructura real tiene una proporción horizontal, pues los pilares se disponen cada 7,2 metros, y los forjados cada 3,6 metros. La subestructura tiene una proporción cuadrada, pues tanto los perfiles verticales como los horizontales se disponen cada 3,6 metros. La subestructura acelera el ritmo de la fachada y modifica la imagen del edificio.

También en las torres de apartamentos de Lake Shore Drive y en los Esplanade Apartments, Mies emplea columnas de acero sin función resistente. Se colocan por delante de la estructura real, ocultándola y modificando sus proporciones y su imagen.

Columnas racionalistas

La columna de los Promontory Apartments es una columna racionalista, situada delante del cerramiento, como los contrafuertes de las catedrales góticas. La columna va aumentando su sección desde la coronación hasta la base, a medida que las cargas van aumentando, y construye de manera explícita la gravedad de esta torre. Esa misma idea de ensanchamiento de la columna la encontramos en el edificio Bacardi de Cuba y en el Convention Hall de Chicago.

Columnas "incoherentes"

La columna del restaurante Cantor Drive-in está "mal" colocada. El alma de esta columna es perpendicular a la cercha, de manera que no se está aprovechando toda la inercia de la columna para resistir los momentos que la cubierta le transmite. Lo correcto desde el punto de vista mecánico sería girar esta columna noventa grados, colocar el alma en la misma dirección de la cercha.

Algo parecido ocurre en la casa Farnsworth. También aquí las almas son perpendiculares a las vigas principales, pero en este caso está justificado por la carga del viento.

Por último, las columnas cruciformes que tanto empleó Mies en sus obras en Europa, no son las más adecuadas desde el punto de vista mecánico, pues concentran toda su masa en su centro de gravedad, cuando lo mejor sería alejar la masa del centro de gravedad, para que la inercia de la columna fuera mayor.

Columnas mágicas

La columna de acero cromado del Pabellón de Barcelona es una columna mágica, inmaterial, irreal. El reflejo y el brillo desmaterializan la columna, de manera que no parece un elemento sustentante, sino una escultura especular.

La columna de la casa Farnsworth, tangente a la viga, no parece sostenerla. Desde el interior de la casa da la sensación de que la viga no toca a la columna y que el techo se sostiene como por arte de magia.

La columna de la Galería Nacional de Berlín parece no tocar a la cubierta. La rótula que une cubierta y columna está oculta, en sombra, de manera que pareciera que el aire es el que transmite el peso de la cubierta a la columna.

Y podríamos seguir contando, columna a columna, hasta cien. Las cien columnas de Mies, como las cien columnas del Palacio de Persépolis. Algo más que sólo un elemento transmisor de las cargas. El elemento que construye y ordena la forma, el espacio y la gravedad.

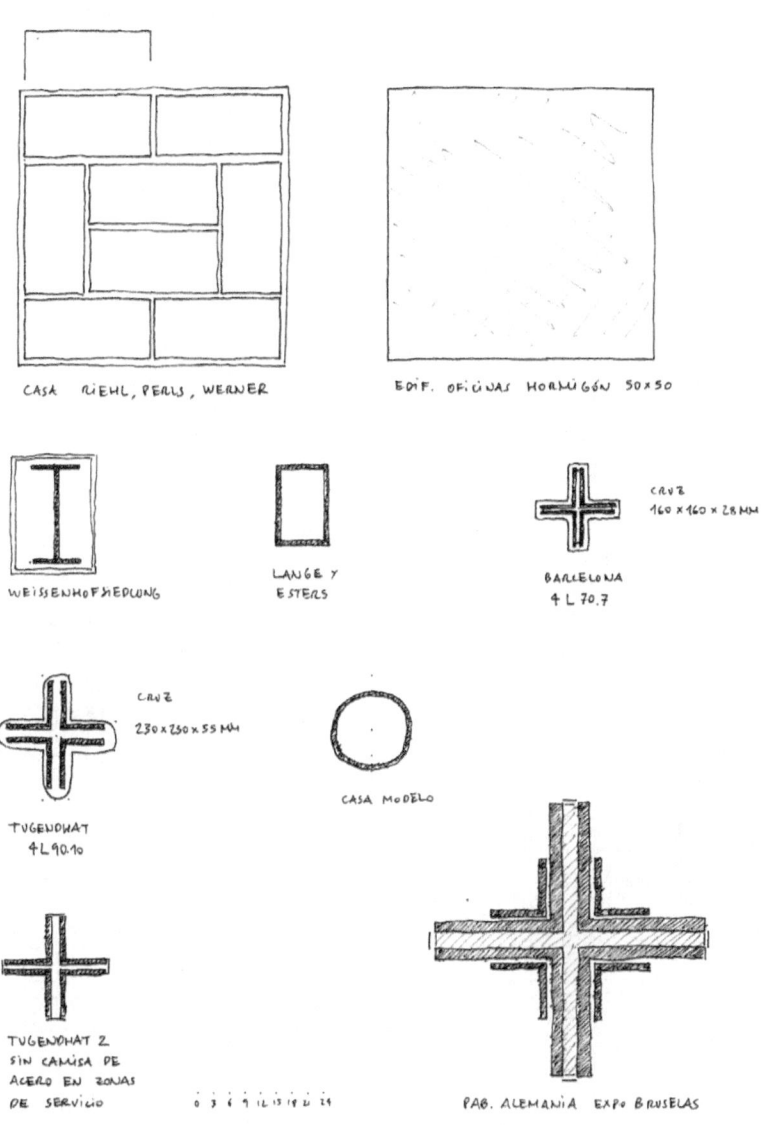

Figura 182. Las "cien" columnas de Mies

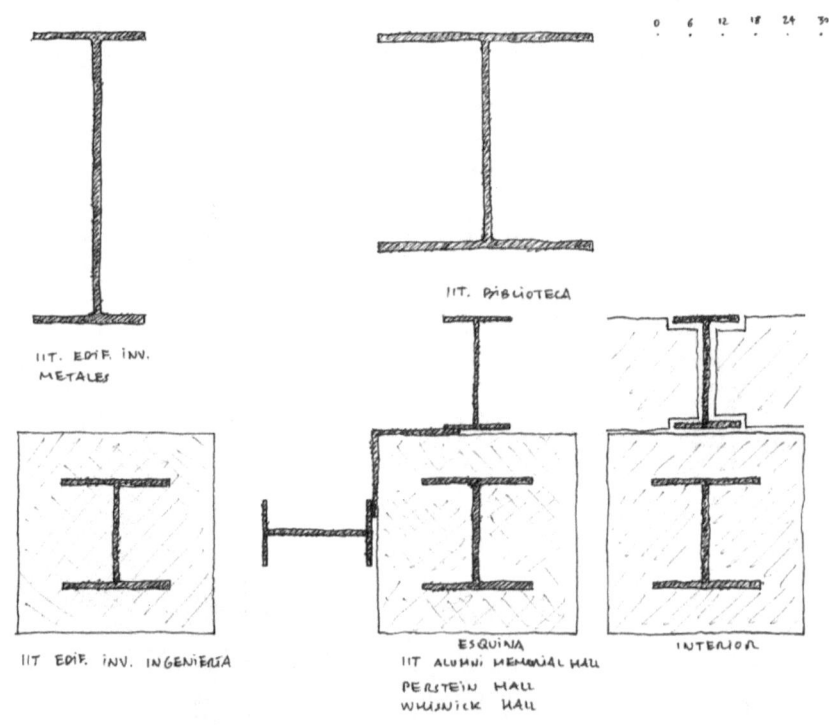

Continuación de la figura 182

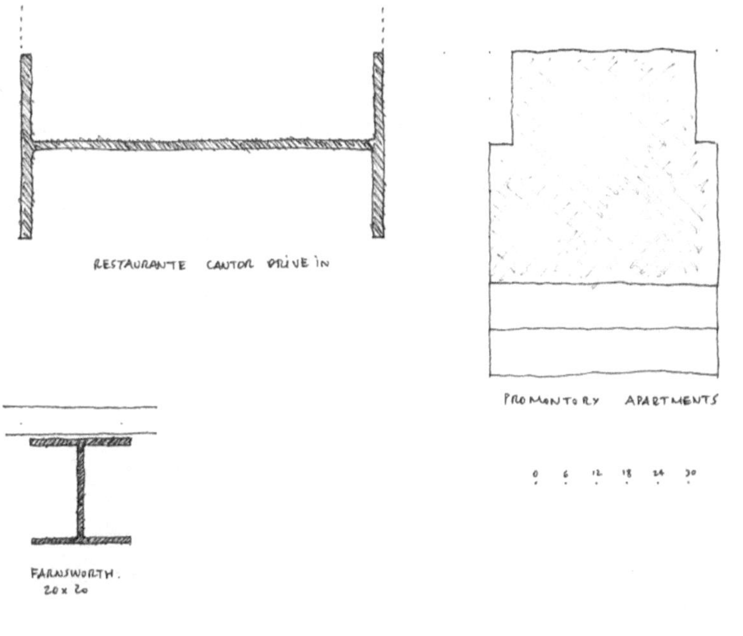

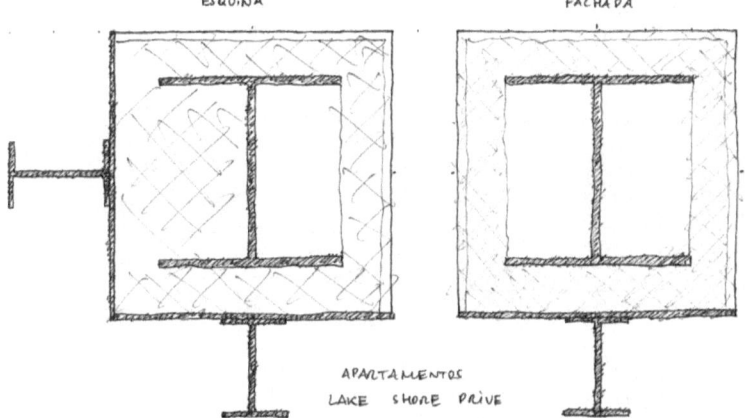

Continuación de la figura 182

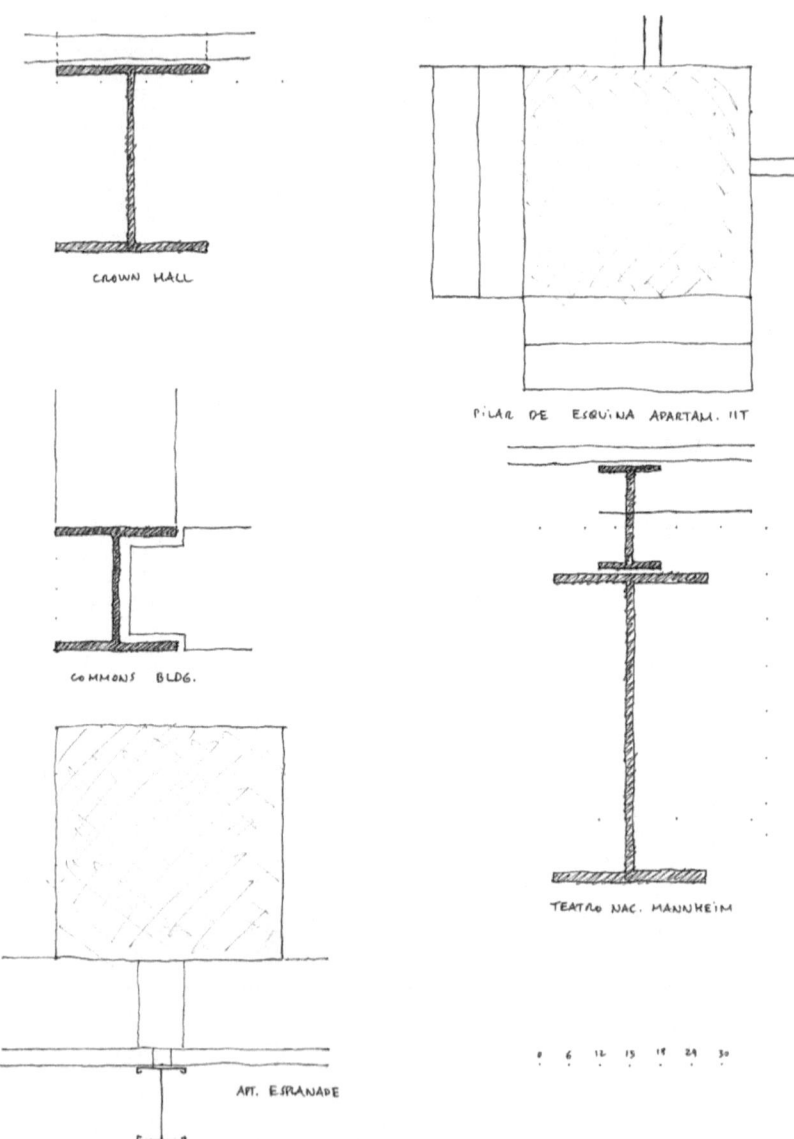

Continuación de la figura 182

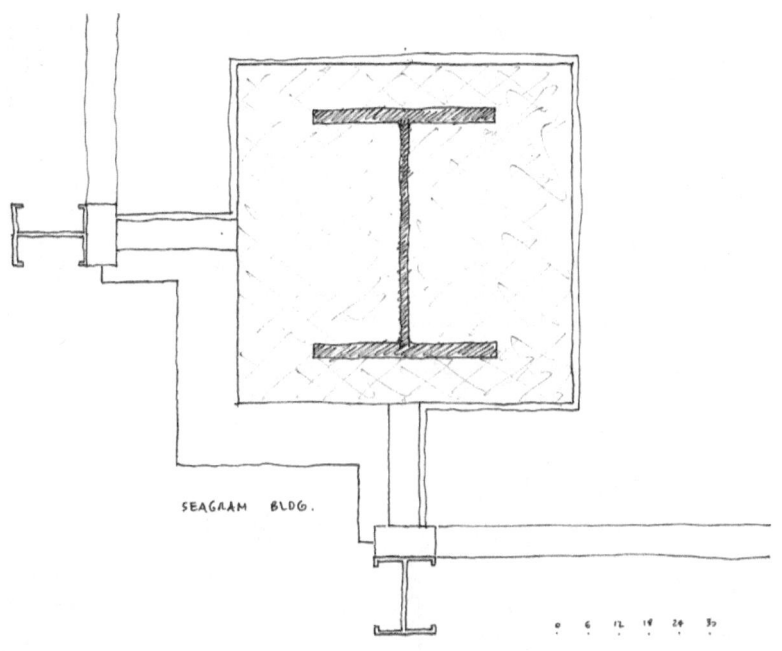

Continuación de la figura 182

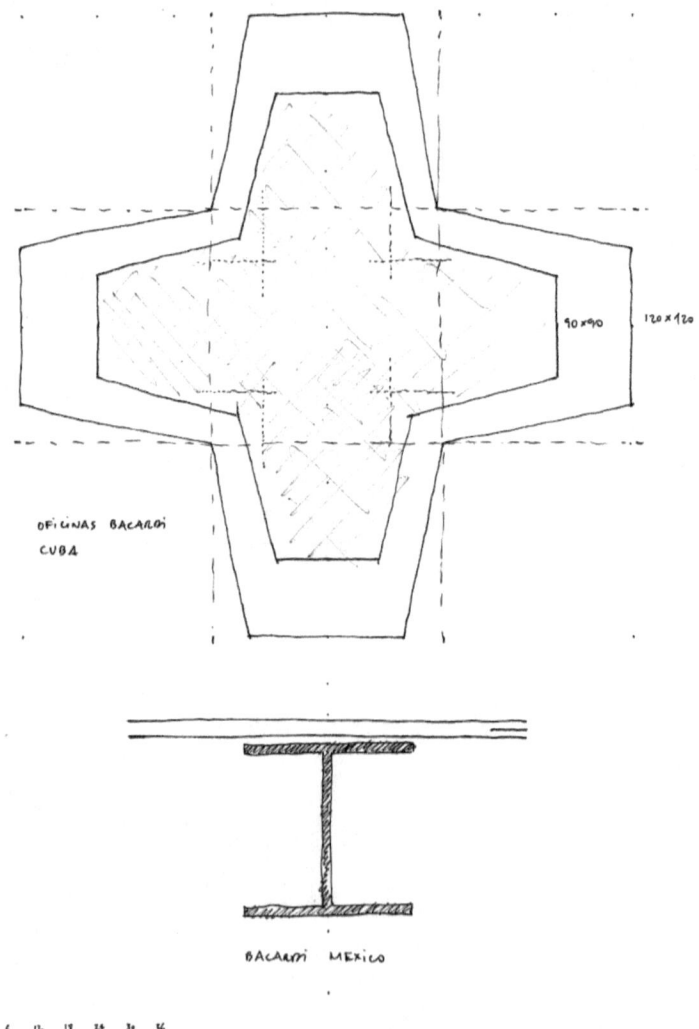

Continuación de la figura 182

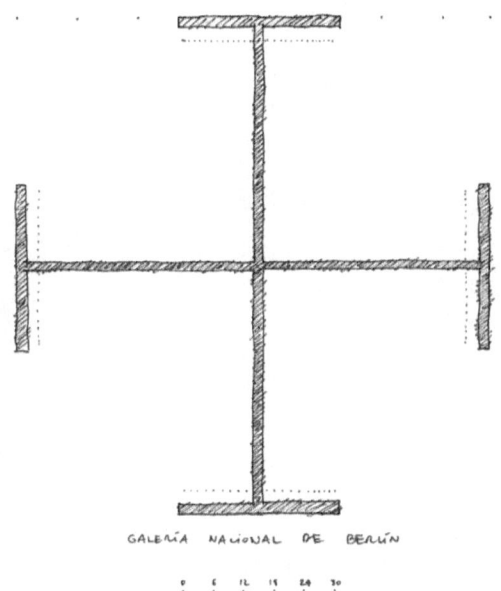

Continuación de la figura 182

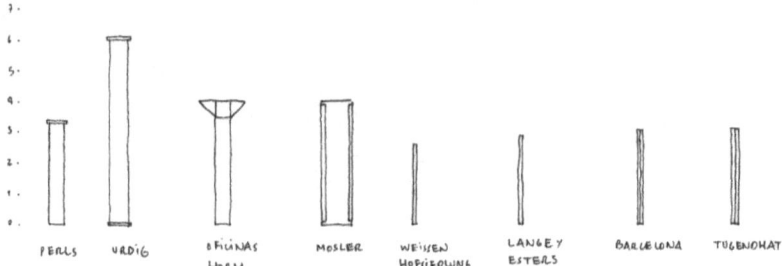

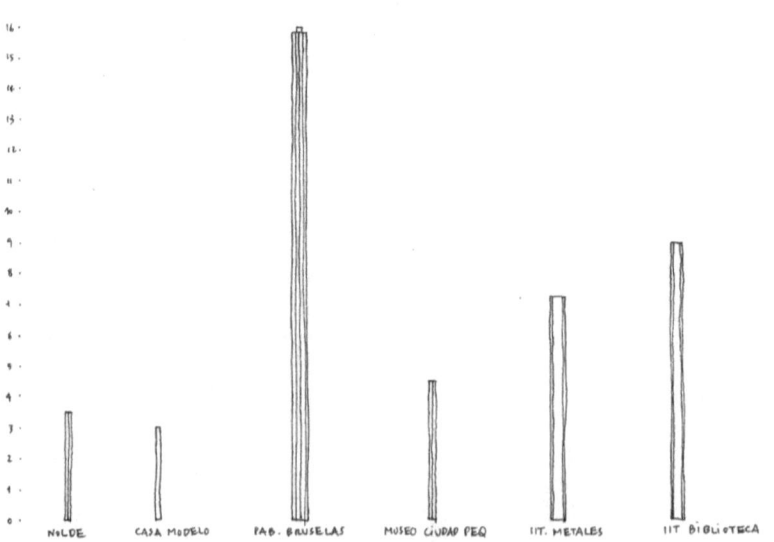

Continuación de la figura 182

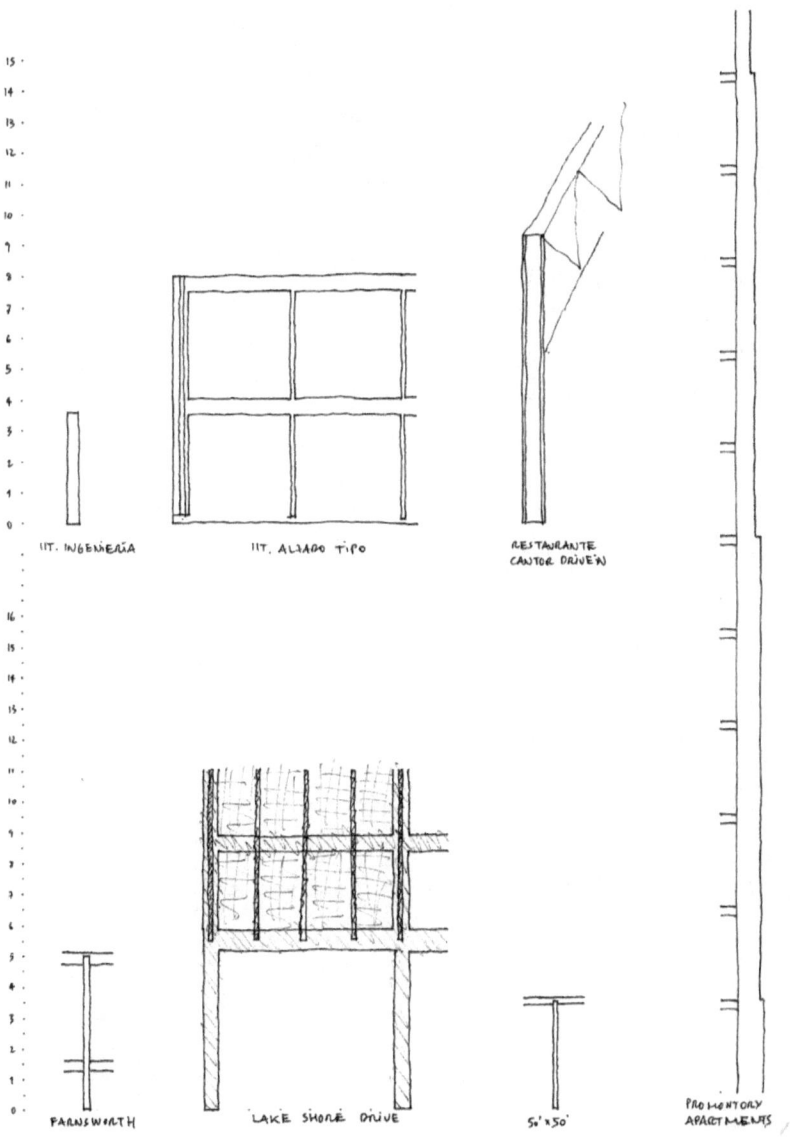

Continuación de la figura 182

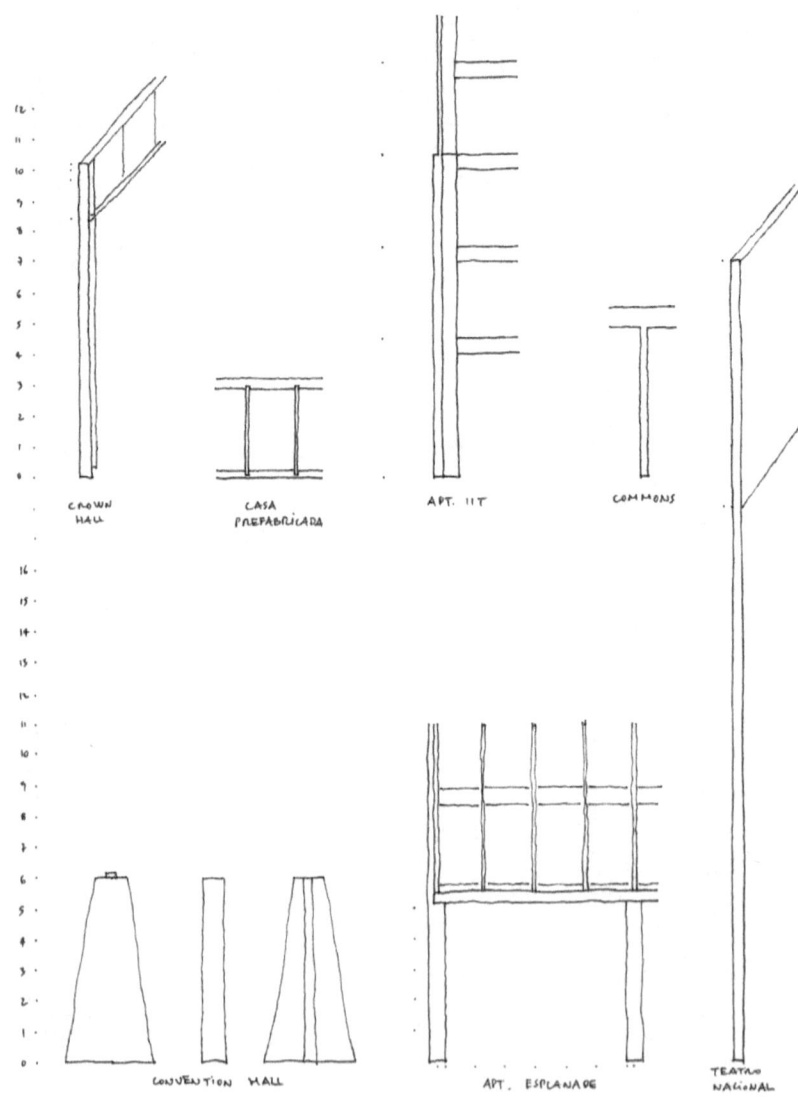

Continuación de la figura 182

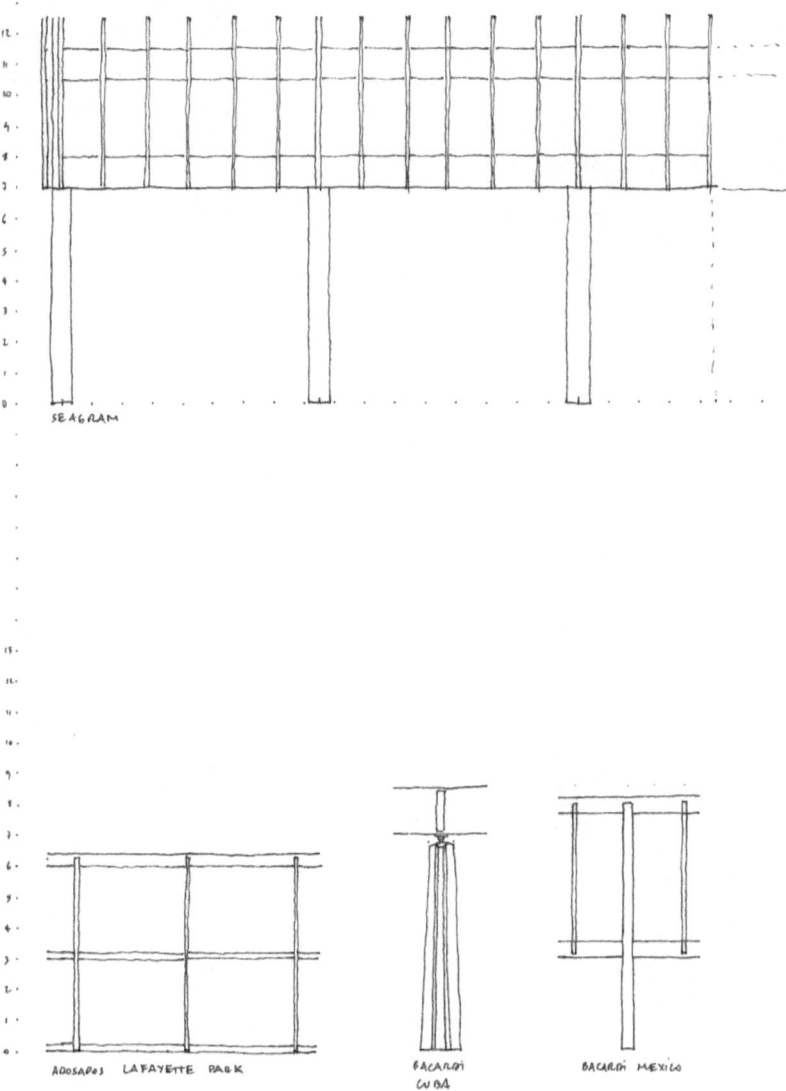

Continuación de la figura 182

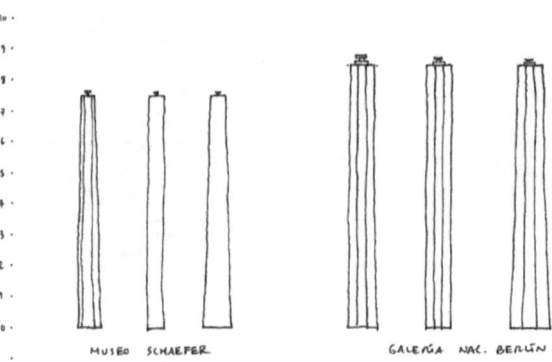

Continuación de la figura 182

CONCLUSIÓN. EL ARTE DE LA ESTRUCTURA

Nuestro recorrido por la Historia de la Arquitectura nos ha demostrado que hay tres maneras de expresión de la Estructura; Estructura Vista, Estructura Oculta y Estructura Ilusoria.

La estructura, como cualquier lenguaje, es algo vivo que puede expresarse, puede colocarse a la vista.

O puede negarse y ocultarse.

O puede fingirse, provocando una ilusión de la Gravedad y del Espacio.

Las Arquitecturas de Estructura Vista se caracterizan por una construcción explícita del recorrido de las cargas, por la expresión de los elementos estructurales, por la relación directa entre la estructura y la forma. Pero también hay en ellas decisiones que van más allá de la estricta lógica estructural. No todo está determinado por la eficacia de la estructura.

Las Arquitecturas de Estructura Oculta dejan el esqueleto en un segundo plano al servicio de otra idea, como el Espacio o la Luz. Al revestir la estructura, al decorarla, se modifican sus proporciones, se modifica su percepción. Se altera la imagen de la estructura.

Las Arquitecturas con Estructura Ilusoria representan una ficción. Quieren aparentar la victoria del peso sobre la gravedad.

Esta división de las estructuras en Vistas, Ocultas e Ilusorias, es una división universal, que puede convertirse en una herramienta válida para el análisis de la Arquitectura, pues se trata de tres categorías independientes de la mecánica de la estructura, independientes del momento histórico, e independientes del sistema constructivo. Se podría construir una historia de las estructuras a partir de estas tres categorías.

Mies

Cuando analizamos el lenguaje de las estructuras de Mies van der Rohe, descubrimos que él también empleó estos tres mecanismos.

La historia de las casas de Mies nos muestra la evolución de sus estructuras, que pasan de estar ocultas en la construcción a mostrarse como estructuras vistas. En sus bloques y torres, Mies alterna soluciones de estructura vista con soluciones de estructura oculta. Por último, en sus pabellones, encontramos el recurso de la estructura ilusoria.

Como si hubiera estado inspirado por todos los arquitectos que construyeron la Historia, Mies emplea a lo largo de su obra los tres mecanismos estructurales que la Historia de la Arquitectura ha ido destilando. Y con estas herramientas tradicionales fue capaz de construir una obra absolutamente moderna y radical.

Mies aprendió la lección de Estructura vista del Partenón y de la Catedral Gótica. Una estructura vista pero con matices que van más allá de la estricta sujeción a la mecánica. También en Mies se ven elementos estructurales sobredimensionados, elementos estructurales infrautilizados, decisiones que van más allá de la lógica estructural, y que entran en el campo de la plástica, de los juegos visuales. Como las columnas de sección creciente de la Galería Nacional de Berlín. O los entrantes y salientes de sus columnas cruciformes.

También aprendió la lección de la Roma clásica, y del Renacimiento. Y empleó elementos estructurales con función ornamental, decorativa, y sin función sustentante. Y ocultó la estructura cuando le pareció necesario. Cuando quiso que el vidrio, el ladrillo y el cerramiento, se impusieran a la estructura y modificaran su percepción.

Y también empleó las herramientas de la estructura ilusoria. Y buscó la negación de la Gravedad, y la apariencia de los pesos suspendidos en el aire, situándose en la tradición de tantas otras estructuras que a lo largo de la Historia han recurrido a la ilusión de la Gravedad, como la hermosa cúpula de Santa Sofía, la cúpula de San Carlino alle Quattro Fontane, o la cúpula de la Casa-Museo de John Soane.

Mies fue capaz de aunar dentro de una obra coherente tres mecanismos estructurales aparentemente incompatibles: estructura vista, estructura oculta, y estructura ilusoria. Y convirtió su obra en un auténtico laboratorio de investigación sobre la estructura. Cuando conoció la estructura, la amó tanto, que nunca más pudo separarse de ella.

Qué bien le sientan a Mies las palabras de Arthur Schopenhauer con las que comenzábamos este libro: *"El tema propiamente estético de la bella arquitectura es la lucha entre el peso y la rigidez. De hecho, éste es el único tema estético que la caracteriza exclusivamente, puesto que, en cualquiera de sus manifestaciones, su misión es precisamente poner de manifiesto con toda claridad y de múltiples maneras la lucha mencionada"* [1].

Qué bien entendió Mies que la esencia de la Arquitectura está en la Estructura. Que es precisamente el acuerdo de la Gravedad, lo que distingue a la Arquitectura del resto de las Artes. Y con qué esfuerzo y disciplina puso en práctica esta idea. Y con cuánta sabiduría supo librarse de la condena del Peso.

Con su obra, Mies parece apoyar esta cita de Hans Sedlmayr: *"la columna auténtica, una de las invenciones más grandiosas del espíritu del hombre, es una estructura tanto tectónica como plástica"* [2].

Mies no fue un racionalista estructural. No trató la estructura como mera sustentación de las cargas. También trabajó con la estructura como elemento plástico. Como elemento decorativo. Como elemento artístico. Él nunca quiso desligar la columna del arte. No quiso separar la tectónica del arte. Al contrario. Su arte consistió precisamente en trascender lo tectónico.

Y esa es la enseñanza que nos dejó. Trascender mediante el arte.

El *"deseo de trascender con lo que crea"* está inscrito en la naturaleza del hombre, como bien explica Chesterton en *El hombre eterno*: *"Un pájaro puede construir un nido, de hecho, los pájaros han venido construyendo nidos desde antaño. Pero los pájaros no hacen arte, el arte está en la esencia del hombre. Los pájaros no seleccionan cuidadosamente las ramas, ni apuntan sus hojas verticales para expresar piedad, como sí lo hace por ejemplo el hombre del Gótico. El pájaro construye, pero no trasciende lo que construye como sí lo hace el hombre. El pájaro quiere resguardarse del frío y de la lluvia, pero el hombre quiere algo más"* [3].

Miremos a Mies en la Acrópolis de Atenas, de espaldas, contemplando el Erecteion, con sus columnas con forma de mujer y, tras él, el horizonte. Sobre su cabeza un cielo de nubes (fig.183). Como Filocles, y como otros muchos arquitectos de la Historia, Mies pensó en la columna, y en la estructura, como algo más. Y puso su obra al servicio de esta idea.

¿Qué pasaría por su cabeza mientras contemplaba las ruinas de la Acrópolis? Seguramente estaría extasiado con la belleza que tenía ante sus ojos. Y daba gracias por poder contemplar esa hermosa arquitectura. Y pensaría en todos sus años pasados. En sus obras levantadas y en las que todavía quería levantar. Y se reafirmaría en su amor por la estructura, mientras pensaba en una nueva vuelta de tuerca a la columna.

Nosotros miramos ahora a Mies como Mies miraba a Filocles. Y aprendemos de él. De su obra y de su amor por la estructura. De sus mecanismos estructurales y de los caminos que aún quedan abiertos. Aprendemos la importancia de entender la columna como algo más que un sustentar; de investigar sobre la estructura y sus formas de expresión; de trascenderla y elevarla a la categoría de arte. Y retenemos su conocida regla, y la hacemos nuestra: Dios está en los detalles (de la estructura).

Figura 183. Mies en la Acrópolis, 1959

NOTAS

INTRODUCCIÓN

LA BELLEZA DE LA ESTRUCTURA

[1]. Arthur Schopenhauer. *Lecciones sobre metafísica de lo bello: Sobre la Arquitectura y el arte de canalizar las aguas* (Valencia: Colección Estética y Crítica, Universidad de Valencia, 2004) Pg. 187.

DISPONER LOS PESOS EN EL AIRE

[1]. Joan Coromines. *Diccionario Etimológico de la Lengua Castellana* (Madrid: Gredos, 2012)

[2]. VVAA. *Diccionario de la Real Academia Española* (Madrid: Santillana, 2005)

[3]. En el templo romano que hay a los pies del Puente de Alcántara, un frontispicio reza: *"ars ubi materia vincitur ipsa sua"*, refiriéndose a la arquitectura como *"un artificio donde la materia se vence a sí misma"*. Fuente: Alberto Morell. *Despacio* (Madrid-Buenos Aires: Nobuko, 2011)

[4]. Eduardo Torroja. *Razón y ser de los tipos estructurales* (Madrid: CICCP, 2007) pg. 14-16

[5]. Alberto Campo Baeza. *La estructura de la estructura* (Madrid: Nobuko, 2010) pg. 60-65

[6]. Paul Valery. *Eupalinos o el arquitecto* (Madrid: Machado Libros, 2000) pg. 29

[7]. J.J. Rousseau. *Ensayo sobre el origen del lenguaje* (Madrid: Akal, 1980)

[8]. Aristóteles. *Ética a Nicómaco* (México: Editorial Porrúa, 2007)

[9]. Martin Heidegger. *El arte y el espacio* (Barcelona: Herder, 2009)

MECÁNICA ESTRUCTURAL Y POÉTICA ESTRUCTURAL

[1]. Félix Cardellach. *Filosofía de las estructuras* (Barcelona: Editores Técnicos Asociados, 1970)

EL LENGUAJE DE LA ESTRUCTURA EN LA HISTORIA

LA ESTRUCTURA VISTA

[1]. Eugéne Viollet Le Duc. *Conversaciones sobre la Arquitectura. Volumen I* (Madrid: Consejo General de la Arquitectura Técnica de España, 2007) pg. 377.

[2]. Spiro Kostof. *Historia de la Arquitectura, volumen 3* (Madrid: Alianza Editorial, 1985) pg. 973-992.

[3]. Spiro Kostof, *Historia de la Arquitectura, volumen 1* (Madrid: Alianza Editorial, 1985) pg. 224.

[4]. No todas las columnas tienen basa. Es el caso, por ejemplo, del Partenón, donde las columnas descansan directamente sobre el podio. Lo usual, de hecho, es que las columnas de orden dórico no tengan basa.

[5]. Eugéne Viollet Le Duc, *Conversaciones sobre la Arquitectura. Volumen I* (Madrid: Consejo General de la Arquitectura Técnica de España, 2007) pg. 48.

[6]. Vitrubio. *Los diez libros de Arquitectura. Libros tercero y cuarto* (Barcelona: Editorial Iberia, 10ª edición, 2007) pp. 65-105

[7]. Ricardo Aroca. ¿Qué es estructura? (Madrid: Cuadernos del Instituto Juan de Herrera, 1999)

[8]. Carlos Luis Martínez Fernández. *Tesis Doctoral: Estudio arquitectónico y estructural de la éntasis de los templos griegos* (Madrid: Departamento de Mecánica del Suelo, ETSAM, 1996) pg. 74

[9]. William H. Goodyear. *Greek Refinements: Studies in Temperamental Architecture* (New Haven: Yale University Press, 1912)

[10]. Auguste Choisy. *Historia de la Arquitectura* (Buenos Aires: Editorial Victor Leru, 1974) pg. 83

[11]. Kenneth Frampton. *Historia crítica de la Arquitectura Moderna* (Barcelona: Gustavo Gili, 1980) pg. 64 y ss.

[12]. Bill Addis. *Building: 3000 years of design, engineering and construction* (London: Phaidon Press, 2007) pg. 93.

[13]. Alberto Campo Baeza. *"Perforando las nubes"*, en *Principia Architectonica*, (Madrid: Mairea-UPM, 2012) pp. 27-33. Víctor Nieto Alcaide. *La luz, símbolo y sistema visual. El espacio y la luz en el arte gótico y del Renacimiento* (Madrid: Cuadernos de Arte Cátedra, 2006) pp. 13-55. Estos dos autores nos hablan de la capacidad de la luz gótica de conferir a los objetos y elementos arquitectónicos una dimensión irreal, no natural, trascendida.

[14]. G.W.F. Hegel. *Lecciones sobre Estética*, (Madrid: Akal, 2007) pg. 504.

[15]. Arthur Schopenhauer. *Lecciones sobre metafísica de lo bello: Sobre la Arquitectura y el arte de canalizar las aguas* (Valencia: Colección Estética y Crítica. Universidad de Valencia, 2004) pg. 187.

LA ESTRUCTURA OCULTA

[1]. Eugéne Viollet Le Duc. *Conversaciones sobre la Arquitectura. Volumen I* (Madrid: Consejo General de la Arquitectura Técnica de España, 2007) pg. 77

[2]. Mark Wilson Jones. *Principles of Roman Architecture* (New Haven: Yale University Press, 2000) pg. 194

[3]. Ver Viollet le Duc. *Dictionaire raisonné de l'architecture française du XIe au XVIe siècle* (Paris: Librairies imprimeries réunies, 1850-1870); Auguste Choisy. *L'art de bâtir chez les romains* (Paris: Ducher et cie, 1873); Josef Durm. *Die Baukunst der Etrusker, die Baukunst der Romer* (*Die Baustille: historische und technische Entwickelung*) (Darmstadt: J.Ph. Diehl, 1885); Francesco Piranesi. *Raccolta de'tempi antichi* (Roma, 1780-1790); Lynne C Lancaster. *Concrete Vaulted Construction in Imperial Rome. Innovations in context* (New York: Cambridge University Press, 2005) pg. 62

[4]. También ayudan a transmitir los empujes horizontales que produce la cúpula. Bill Addis. *Building: 3000 years of design, engineering and construction* (London: Phaidon Press, 2007) pg. 42.

[5]. Vitruvio. *Los diez libros de Arquitectura* (Barcelona: Editorial Iberia, 2007) pg. 87.

[6]. John Summerson. *El lenguaje clásico de la arquitectura. De L.B. Alberti a Le Corbusier* (Barcelona: Editorial Gustavo Gili, 2006) pp. 11-21

[7]. La construcción de la perspectiva del Coliseo se ha realizado con los siguientes datos. En primer lugar, se sitúa al observador a 100 metros del edificio. Esta distancia es la mínima necesaria para que el observador pueda abarcar el objeto dentro de un campo visual vertical de 25°, y un campo visual horizontal de menos de 60°. Aproximadamente, 100 metros es la distancia que separa al Coliseo del Templo de Venus y Roma, situado en el Foro romano. En segundo lugar, la altura del punto de vista es 170 cm respecto al suelo. En tercer lugar, la proyección de los rayos visuales se ha hecho, no con respecto a un plano, sino con respecto a una esfera. En este sentido, se han seguido las teorías de Erwin Panofsky que apuntan a que en la imagen de la retina las formas son proyectadas sobre una superficie cóncava, algo que conocían a la perfección en la óptica de la Antigüedad Clásica. Erwin Panofsky. *La perspectiva como forma simbólica* (Barcelona: Tusquets Editores, 2003) pp. 12-20. Existen no obstante otras teorías sobre la perspectiva que merece la pena mencionar, como las reflejadas por los autores Marco Fasolo y Riccardo Migliari, "Decio Gioseffi and Perspective as symbolic form". *Disegnare Idee Immagini n°57* (Sapienza Università di Roma, 2018) pp.46-57

[8]. Vitruvio. *Los diez libros de Arquitectura* (Barcelona: Editorial Iberia, 2007) pg. 109

[9]. León Battista Alberti. *De Re Aedificatoria. Libro VI* (Madrid: Akal, 2007) pg. 274

[10]. Bill Addis. *Building: 3000 years of design, engineering and construction* (London: Phaidon Press, 2007) pg. 128

[11]. Marc-Antoine Laugier. *Ensayo sobre la Arquitectura* (Madrid: Akal, 1999) pg. 62.

[12]. León Battista Alberti. *De Re Aedificatoria. Libro VI* (Madrid: Akal, 2007) pg. 274

[13]. Manuel Valera. *Hooke: La ambición de una ciencia sin* límites (Madrid: Nivola, 2004) pg. 166

LA ESTRUCTURA ILUSORIA

[1]. Emilio García Gómez. *Ibn Zamrak, el poeta de la Alhambra* (Granada: Patronato de la Alhambra, 1975)

[2]. Las cartas solares pueden obtenerse del programa *Solar Radiation Monitoring Laboratory*, elaborado por la Universidad de Oregon y accesible desde internet: http://solardat.uoregon.edu/SunChartProgram.html

[3]. El diámetro de las columnas varía entre 15 y 18 cm. Mª Paz Sáez Pérez. *Tesis Doctoral. Estudio de elementos Arquitectónicos y Composición de Materiales del Patio de los Leones* (Granada: Departamento de Construcciones Arquitectónicas, Universidad de Granada, 2004) pg. 83

[4]. Oleg Grabar. *La Alhambra* (Madrid: Alianza Editorial, 2006) pp.170-172. Georges Marçais. *"Remarques sur l'esthétique musulmane"*. *Mélanges d'Histoire et d'Archéologie de l'Occident Musulman. Vol 1* (Argel: 1957) pp. 99 y ss.

[5]. La ilusión de Ebbinghaus es una ilusión óptica que altera la percepción de las dimensiones relativas. En la versión más conocida de la ilusión, dos círculos de la misma medida son colocados próximos entre sí y rodeados, uno por círculos de un tamaño mayor y el otro por círculos de menor tamaño, de manera que el primer círculo parece más pequeño que el otro. Es denominada así en honor a su descubridor, el psicólogo alemán Hermann Ebbinghaus, aunque fue popularizada en el mundo de habla inglesa por Edward Bradford Titchener, de ahí que su nombre alternativo sea "Círculos de Titchener". Fuente: Wikipedia, y Brian Roberts, Mike G. Harris, Tim A. Yates. *"The roles of inducer size and distance in the Ebbinghaus illusion (Titchener circles)"*.*Perception* nº 34 *(7)* (Londres: SAGE publishing, julio 2005) pp. 847-856.

[6]. Marco Polo. *Libro de las Maravillas* (Madrid: Alianza Editorial, 2002) pg. 98

[7]. Franco Borsi. *Bernini* (Madrid: Akal, 1998) pg. 46

LA POÉTICA ESTRUCTURAL DE MIES VAN DER ROHE

BREVE HISTORIA DE CÓMO MIES DESCUBRIÓ LA ESTRUCTURA

[1]. Cyrille Simonnet. *Hormigón; Historia de un material* (San Sebastián: Editorial Nerea, 2009), pp. 54-62.

[2]. Bill Addis. *3000 years of design engineering and construction* (Londres: Phaidon Press, 2007), pp. 365-446.

[3]. Ya hemos visto en un capítulo anterior cómo los arquitectos de la Roma clásica solían emplear en sus edificios públicos los órdenes clásicos griegos, pero no con función estructural, sino con función ornamental. Y cómo esta tradición constructiva y decorativa se recuperó en el Renacimiento, y es muy habitual ver en las fachadas de Brunelleschi, Bramante o Palladio, entre otros, una decoración sobre el muro, en bajo o altorrelieve, compuesta por pilastras, columnas, arquitrabes, u otros elementos de los órdenes griegos. También el Neoclasicismo es heredero de esta tradición. En Alemania, Schinkel es un claro ejemplo. En la casa Riehl, Mies no hace más que continuar esta manera de construir y decorar. John Summerson. *El lenguaje clásico de la arquitectura; De L.B. Alberti a Le Corbusier* (Barcelona: Editorial Gustavo Gili, 2ª edición, 10ª tirada, 2006), pp. 25-49.

[4]. La Bolsa de Amsterdam, construida en 1903, es un buen ejemplo de esa claridad y honestidad constructiva propugnada por Berlage. En este edificio, el maestro holandés propone una arquitectura de construcción vista y explícita, en la que se acentúa la estructura y, especialmente, los elementos estructurales de transición. El aparejo de ladrillo de los muros se deja a la vista, y tanto los dinteles como las dovelas, estribos y salmeres de los arcos, o las ménsulas en las que descargan las vigas, se construyen con piezas de granito gris, casi escultóricas, que contrastan con la continuidad del aparejo de ladrillo rojo. Mies tuvo ocasión de conocer la obra de Berlage gracias a su estancia en Holanda mientras colaboraba en una obra de Peter Behrens, e incluso llegó a competir con él en el concurso para la casa de la familia Kröller Müller. Franz Schulze. *Mies van der Rohe. A critical biography.* (Chicago: The University of Chicago Press, 1985), pp. 32 y 60; y Kenneth Frampton. *Historia crítica de la Arquitectura Moderna* (Barcelona: Editorial Gustavo Gili, 1980), pp. 71-73.

[5]. Kenneth Frampton. *Estudios sobre cultura tectónica* (Madrid: Ediciones Akal, 1995), pp. 162-165.

[6]. En la casa Esters Mies hubiera preferido unos huecos aún mayores. Así lo atestiguan una acuarela que hoy se conserva en el MoMa y una entrevista que concedió en 1966: *"Yo quería hacer esta casa con más vidrio, pero al cliente no le gustaba"*. Mies van der Rohe. Casas. Revista 2G 48/49, (Barcelona: Gustavo Gili, agosto 2009), pg. 98.

[7]. El proyecto de la casa Tugendhat se desarrolló casi en paralelo con el del Pabellón de Barcelona. De ahí las similitudes entre ambas obras. A primeros de julio de 1928 el gobierno alemán encarga a Mies el diseño del Pabellón de Barcelona. En octubre de ese mismo año el diseño estaba definido y, entre octubre y febrero, se dibujaron los planos del proyecto. Las obras comenzaron en febrero y se inauguró el pabellón el 26 de mayo de 1929. Ignasi Solá Morales, C. Cirici y, C. Ramos. *Mies van der Rohe: Barcelona Pavilion* (Barcelona: Editorial Gustavo Gili, 2002), pp. 7-8. VVAA. *Mies van der Rohe-Barcelona 1929*, (Barcelona: Tenov, 2018)

[8]. Christian Norberg Schulz nos explica cómo una de las consecuencias de esta planta libre es que la función portante se independiza de la función de compartimentar los espacios. Las columnas puntúan el espacio y las paredes de piedra, madera, o las cortinas, delimitan los espacios. Christian Norberg-Schulz, *Los principios de la Arquitectura Moderna* (Barcelona: Editorial Reverté, 2005), pp. 45-70.

[9]. Jitka Vitaskova. *Tugendhat Villa* (Brno: Foundation of Tugendhat Villa, 2009) pg. 15.

[10]. El término es de Alberto Campo Baeza

[11]. Aunque hoy asociamos la columna cruciforme de acero a Mies van der Rohe, y especialmente a sus proyectos de la Casa Tugendhat y el Pabellón de Barcelona, lo cierto es que Bruno Taut ya había empleado con anterioridad este tipo de columna en el Versuchspavilion de Berlín, en 1928. *Exposición: Bruno Taut, Maestro de la Construcción cromática* (Madrid: Fundación COAM, 2011)

[12]. Viollet le Duc asocia el origen de las acanaladuras de la columna griega a un efecto lumínico: *"al arquitecto griego, las columnas le pare-*

cen demasiado planas expuestas a la luz, y demasiado blandas e indecisas en la sombra. Recorta en sentido longitudinal, en toda la altura del fuste, unas estrías rectas, luego ahueca dichas estrías y forma de ese modo unas acanaladuras lo bastante profundas como para concentrar la luz oblicua en las aristas, pero no lo suficiente como para que dichas aristas puedan ser un obstáculo y herir a las personas que pasan entre las columnas. La luz del sol, al repetir de ese modo, sobre cada fuste, una secuencia de luces y sombras longitudinales, les devuelve la importancia que habían perdido cuando sólo eran cónicas". Viollet le Duc. Conversaciones sobre la Arquitectura (Madrid: CGATE, 2007; 1ª edición, París, 1863), pp. 47-48.

[13]. Tegethoff relaciona estas columnas exteriores con los soportes de madera del porche de la casa Chamberlain, 1939, de Walter Gropius y Marcel Breuer, que también van por delante del forjado. Wolf Tegethoff, *Mies van der Rohe. The Villas and Country Houses*. (Cambridge: MIT Press, 1985), pg. 131. Volviendo a la Farnsworth, existen dibujos previos de Mies en los que las columnas se retranquean, aunque en la solución final las columnas dan un paso al frente y se colocan por delante del forjado.

[14]. Según nos cuenta Jean Louis Cohen, hubo dos versiones, una casa apoyada sobre el terreno y, la finalmente elegida, elevada, no sólo para disponer de mejores vistas, sino también para evitar las crecidas del río. Jean Louis Cohen. *Mies van der Rohe* (Madrid: Akal Arquitectura, 1998), pg. 99.

[15]. Las dimensiones en pies y pulgadas son las siguientes. Nivel de suelo de planta baja, + 5'. Distancia entre columnas, 22'. Voladizos, 5' 7". Anchura de la cubierta 28' 8". Distancia entre vigas de forjado 5' 6"

[16]. Las columnas son 8WF35 según la nomenclatura americana. Alma de 8,12 pulgadas, alas de 8,027 pulgadas, y un peso de 35 libras/pie. Las viguetas del forjado de planta baja son perfiles 12WF58. Alma de 12,19 pulgadas, alas de 10,014 pulgadas, con un peso de 58 libras/pie. Las viguetas del forjado de cubierta son perfiles 12WF27. Alma de 11,96 pulgadas, alas de 6,5 pulgadas, con un peso de 27 libras/pie. Por último, las vigas principales, que quedan a la vista en las fachadas, son perfiles 15C50. Alma de 15 pulgadas, alas de 3,716 pulgadas y 50 libras/pie. Las características mecánicas y dimensionales de los perfiles se han obtenido de: VVAA. *Hot rolled carbon steel structural shapes*. (Chicago: United States Steel, 1948),

pg. 10-21. Ver también la tesis doctoral de Eduardo Mantovani. *Mies' two way span* (Barcelona: UPC, 2015), pg. 44

[17]. Las cargas gravitatorias del forjado de cubierta incluyen el peso propio de las viguetas, 0.4 KN/m; el peso propio de las vigas, 0.73 KN/m; las piezas de entrevigado; una capa de compresión de mortero de cemento de 5 cm; y la sobrecarga de nieve, que podemos estimar en 1 KN/m2. Las cargas gravitatorias del forjado de planta baja incluyen el peso propio de las viguetas, 0.85 KN/m; el peso propio de las vigas, 0.73 kN/m; las piezas de entrevigado; una capa de hormigón ligero de 25 cm de espesor; una capa de mortero de cemento de 5 cm; el pavimento de mármol travertino, 1 KN/m2; y una sobrecarga de uso de 2 KN/m2 en la que se podría incluir el peso de la tabiquería, mobiliario y cerramiento. El detalle constructivo para entender la composición de estos elementos se puede consultar en; Maritz Vandenberg, *Farnsworth house. Architecture in Detail* (New York: Phaidon, 2003). Claramente, las cargas gravitatorias del forjado de planta baja son superiores a las del forjado de cubierta, y de ahí la diferencia de inercia entre las viguetas de cubierta y las de planta baja. Las viguetas de cubierta 12WF27 tienen una inercia de 8490,56 cm4. Las viguetas de planta baja 12WF58 tienen una inercia de 19805,76 cm4. En ambos casos, la dimensión del alma es prácticamente la misma, para adaptarse constructivamente a la dimensión del alma de la viga de borde, de 15 pulgadas.

[18]. Las columnas están trabajando al 43% de su capacidad. Las vigas principales al 43%. Y las viguetas de planta baja al 33%. El cálculo ha sido realizado por Pilar Sañudo Tinoco.

[19]. Para que la proporción fuera exactamente 2 a 1, el canto de la viga de fachada debería haber sido 16 pulgadas. Pero según vemos en el catálogo elaborado por la United States Steel, el perfil 16C no existe. Del perfil 15C se pasa directamente al perfil 18C (con un alma de 18 pulgadas). Tampoco existe el perfil 7,5WF de 7,5 pulgadas de ala. Fuente: VVAA. *Hot rolled carbon steel structural shapes.* (Chicago: United States Steel, 1948)

[20]. Joan Coromines, Breve Diccionario Etimológico de la Lengua Castellana (Madrid: Editorial Gredos, 2012), p. 534.

[21]. Como dice Viollet le Duc: *"el arquitecto griego quiere mostrar a los ojos de todo el mundo que las distintas partes de su monumento cumplen una*

función útil y necesaria. No le basta que su monumento sea sólido, quiere que además lo parezca". Viollet le Duc, op.cit. p. 48. Hegel también apoya esta idea cuando nos dice que lo peculiar de la arquitectura griega es que configura el sustentar como tal: *"En la arquitectura griega lo característico y desarrollado es la columna y el arquitrabe que horizontalmente descansa sobre ella. Aquí ha de hablarse de un descansar y sustentar".* G. W. F. Hegel, *Lecciones sobre la Estética, Tercera Parte, Primera Sección, La Arquitectura* (Madrid: Ediciones Akal, 2007; 1ª edición, 1818), p. 499. En la casa Farnsworth, Mies obvia ese relato de la transición entre la viga y la columna. No sólo no hay capitel intermedio, sino que tanto viga como columna aparecen independientes, sin apoyo directo de la viga sobre la columna.

LA ESTRUCTURA COMO ORNAMENTO

[1]. Ludwig Mies Van der Rohe. *Escritos, diálogos y discursos* (Murcia: Colegio Oficial de Arquitectos Técnicos, 1981), pg 21

[2]. Antón Capitel. *Las columnas de Mies* (Cádiz: Arquitectos de Cádiz, 2004), pg. 28.

[3]. Mies van der Rohe, *opere citato*, pg. 22

[4]. Ibidem, pg. 23

[5]. Alberto Campo Baeza. *La estructura de la estructura* (Madrid: Mairea Libros, 2008), pg. 64.

[6]. Mies van der Rohe, *opere citato*, pg. 26

[7]. El sistema de esqueleto permitía una mejor racionalización y división sin trabas del interior. Mies trata aquí las cocinas y los cuartos de baño como elementos fijos, mientras que el resto del espacio podía ser repartido por paredes móviles. Fuente: Karin Kirsch. *Weissenhofsiedlung.Kleiner Führer* (Munich: Deutsche Verlags-Anstalt, 2006), pg 28.

[8]. Según describe Jean Louis Cohen, Mies se negó en 1934 a proporcionar documentos de estas viviendas para una exposición del RIBA, lo que demuestra el escaso afecto que conservaba por este proyecto. Fuente: Jean Louis Cohen. *Mies Van der Rohe* (Madrid: Akal, 1998), pg. 48.

[9]. El mismo sistema lo encontramos en el proyecto de Mies para la Fábrica de la Industria de la Seda en Krefeld. Una estructura reticular de acero con el cerramiento a eje con las columnas, un revestimiento continuo blanco que recubre tanto los petos y dinteles de ladrillo como las caras vistas de las columnas. Y unos grandes ventanales rellenando los recuadros de la estructura, la plementería. En este caso la relación entre hueco y cerramiento es aún mayor que en el caso del bloque de viviendas, por lo que la presencia de la estructura en la fachada se hace más evidente.

[10]. Sorprende ver la enorme anchura de los pilares en relación al canto de las vigas. La razón de esos pilares sobredimensionados es la normativa de incendios de Chicago, que obligó a recubrir de hormigón las auténticas columnas de acero que conforman la estructura.

[11]. Como se trataba de un edificio de una sola planta más sótano, la normativa de construcción de Chicago no obligaba a proteger el acero, por lo que la estructura reticular podía quedar a la vista, tanto en el interior como en la fachada

[12]. Ver Thomas H. Beeby. *"Case Study of The Commons Building"*. *Perspecta, nº 31* (Cambridge: The Yale Architectural Journal, 2000), pp. 10-21

[13]. Ver planimetría en: *"Mies van der Rohe: In Perspective"*. *A+U,* nº 124 (Japón, 1981) y en Werner Blaser. *Mies Van der Rohe. IIT Campus* (Berlín: Birkhäuser, 2002), pp. 58-59.

[14]. Mies van der Rohe proyectó simultáneamente este edificio en acero y en hormigón. En la versión de acero se aplica por primera vez el muro cortina completamente de vidrio, con la superposición de la subestructura de perfiles en H. Una solución muy frecuente en sus futuros proyectos de torres. Fuente: Werner Blaser, *Mies van der Rohe* (Bolonia: Zanichelli, 1977), pg. 119.

[15]. Esta solución de pilares por delante del forjado ya la había ensayado en el Restaurante Cantor Drive-in, proyecto de 1945-1946, y en la Casa Cantor, proyecto de 1946-1947, pero será ahora cuando la pone en práctica por primera vez.

[16]. Kenneth Frampton. *Estudios sobre cultura tectónica* (Madrid: Akal, 1999), pp. 184-185. Peter Blake, *The master builders. Mies van der Rohe and the mastery of structure* (New York: W.W. Norton & Company, 1996), pg. 256.

[17]. El Edificio de Investigación de Metales, o Metals Research Building marca el inicio y el fin de la obra de Mies para el Instituto Tecnológico de Illinois. Fue su primera obra construida y su ampliación, entre 1956 y 1958, la última que construyó para el IIT.

[18]. En una conversación con Peter Blake, Mies responde a aquellos que piensan que esta fachada está influida por un cuadro de Mondrian: *"La misma gente clama que yo estoy influenciado por Mondrian en el primer edificio para el campus del IIT, el edificio de los metales. Este tiene una pared que ellos dicen que parece de Mondrian. Pero yo recuerdo muy bien cómo llegó. Todo estaba dado para todo este edificio. El lugar: teníamos sesenta y cuatro pies desde la línea del ferrocarril hasta la acera. Alguien les dio una grúa móvil: tenía cuarenta pies de ancha, de forma que necesitábamos cuarenta y dos pies de centro de columna a centro de columna. El resto eran laboratorios, ¿sabe? Todo estaba allí: necesitábamos refuerzos de acero en la pared de ladrillo. Era una ordenanza del código de construcción. Sólo puedes hacer una pared tan grande si es de ocho pulgadas, de otra forma tienes que reforzarla. Así que lo hicimos. Entonces, cuando todo estaba terminado, la gente del edificio de los metales, los ingenieros, vinieron y dijeron: necesitamos una puerta aquí. Así que puse una puerta. Y el resultado fue el Mondrian."* Fuente: Moisés Puente. *Conversaciones con Mies van der Rohe* (Barcelona: Gustavo Gili, 2006), pg. 43.

[19]. Se trata de dos técnicas constructivas que Mies llevaba ensayando desde hacía años. Véanse los rascacielos de cristal en Berlín, en 1921 y 1922, o la primera estructura reticular de acero que Mies pone en pie en su edificio de viviendas para la Weissenhofsiedlung de Stuttgart, 1925-1927.

[20]. En la primera versión para el Masterplan del Campus IIT, 1939, Mies definió un módulo estructural y espacial de 24 x 24 pies en planta y 12 pies de altura; aproximadamente 7,20 x 7,20 x 3,60 metros. La dimensión de 24 x 24 pies fue determinada por el tamaño de una sala que se acomodaba a los tres usos previstos; clases, laboratorios y talleres. Este módulo se adaptaba perfectamente a las necesidades funcionales de todo el campus. Además, Mies propuso para el Campus del IIT un lenguaje constructivo común. Acero pintado de negro, ladrillo beige y cristal daban unidad a un conjunto cuya construcción se dilataría en el tiempo. Pero será en su segunda versión del plan, la de 1940-1941 cuando Mies dispone la estruc-

tura como ordenadora de toda la forma urbana. Una gran retícula que conserva el módulo de 24 x 24 pies y relaciona y ordena todos los edificios. Esta idea general para el campus tenía también un sentido práctico. Los edificios se podrían construir poco a poco, a lo largo de los años, según se fueran necesitando. Los usos no se mezclarían, por lo que cada edificio podría tener su dimensión óptima, adaptada a sus necesidades. E incluso si los diseños se encargaban a distintos arquitectos, la forma general del Campus mantendría su unidad. Fuente: X. Llobet i Ribeiro, *Hilberseimer y Mies* (Barcelona: Caja de Arquitectos, 2007), pg. 174.

[21]. Vitrubio, *Los Diez Libros de Arquitectura* (Barcelona: Iberia, 2007), pg. 72.

[22]. Hay dos antecedentes en los que Mies parte la luz estructural rectangular. El edificio de Administración para la Industria de la Seda, en Krefeld, 1937 y los bloques de diez plantas en la Remodelación de la Alexanderplatz, Berlín, 1928. En Krefeld, los montantes de la carpintería se colocan a eje con la estructura, que sigue a la vista. En Berlín, sin embargo, la estructura desaparece tras la subestructura.

[23]. Marco Polo, *Libro de las Maravillas* (Madrid: Alianza Editorial, 2002), pg. 98.

[24]. La retícula de pilares es cuadrada, con una dimensión de 6,5 x 6,5 metros (21x21 pies), muy similar al ancho de crujía de la casa Farnsworth. Según la descripción de Peter Carter, para edificios de menos de 30 plantas Mies no empleaba refuerzos especiales para resistir al viento, ya que para edificios de este tamaño es estructuralmente factible y económico transferir la fuerza del viento a los cimientos reforzando el armazón mediante un diseño óptimo de las conexiones entre pilares y vigas. Peter Carter. *Mies Van der Rohe trabajando* (Londres: Phaidon Press, 1974), pg. 44.

[25]. Peter Blake. *The master builders. Mies van der Rohe and the mastery of structure* (New York: W.W. Norton & Company, 1996), pg. 258.

[26]. El propio Mies habla de la imagen del edificio cuando se refiere a esta perfilería: *"Era muy importante conservar y extender el ritmo creado por los perfiles de los montantes al resto del edificio. Nos dimos cuenta de ello al mirar la maqueta sin que el perfilado estuviera colocado sobre el pilar angular, y no tenía un aspecto correcto".* Ludwig Mies van der Rohe, *"Mies van der Rohe's New Buildings", Architectural Forum 97* (noviembre de 1952), pg. 99. En el interior de los apartamentos, sin embargo, la apariencia de la

estructura es más neutra, forrada de blanco y recibiendo las particiones interiores. Nada que ver con la tensión y vibración de la fachada. Mies volvió a utilizar el sistema de cerramiento de las Lake Shore Drive en dos proyectos, aunque ninguno de los dos se llegó a construir. Los apartamentos Berke, en Indianapolis, 1952-1953; y la solución número 2 de los Battery Park Apartments, en Nueva York, 1957-1958.

[27]. Llegó a emplearlo hasta en 21 de sus torres. 1953: Apartamentos en 1300 de Lake Shore Drive, Chicago. 1953-1956: Apartamentos en 900 Esplanade, Chicago. 1953-1956: Commonwealth Promenade Apartments, Chicago. 1954-1958: Seagram Building, Nueva York. 1955-1963: Torres de apartamentos de Lafayette Park, Detroit. 1957-1959: Quadrangles Apartments, Brooklyn; Torre tipo 2. 1957-1958: Battery Park Apartment Development, Nueva York; Solución 1. 1957-1959: Seagram Office Building, Chicago. 1958: Marina Site Apartments, San Francisco. 1958: Rimpau Site, Los Angeles. 1958-1960: Pavilion Apartments y Colonnade Apartments, Colonnade Park, Newark. 1959: Brookfarm Apartments, Brookline, Massachusetts. 1959-1964: Torres del Federal Center, Chicago. 1960-1963: One Charles Center, Baltimore. 1960-1963: 2400 Lakeview Apartments, Chicago. 1963-1969: Toronto Dominion Center. 1964-1966: Foster city apartments. 1964-1968: Westmount square, Montreal. 1966-1969: Torre IBM, Chicago. 1967: Torre de Londres. 1967-1969: East Wacker Drive, Chicago.

[28]. Mies no sólo empleó una subestructura de maineles verticales en sus torres. También en edificios de proporción horizontal vemos cómo coloca delante de la estructura o en paralelo a ella una perfilería sin función estructural. Y lo hace de dos maneras, que están muy claramente reflejadas en el Edificio Bacardi de Ciudad de México y en la Caja de Ahorros de Des Moines. En México, tanto la estructura como la subestructura se colocan por delante del cerramiento. En Des Moines, la solución es muy parecida a los Lake Shore Drive Apartments. El cerramiento de vidrio se coloca a haces exteriores de la estructura y, por delante, los perfiles verticales de la subestructura sin función estructural. En los dos casos los recuadros que forma la estructura en fachada, rectángulos de proporción horizontal, se descomponen en rectángulos de proporción vertical. Ya no se trata sin embargo de acentuar la verticalidad de la forma, como en las torres, sino de acelerar el ritmo de la fachada a la vez que se sigue jugando con la vibración de la luz y la sombra, y con el continuo cambio

de las fachadas en función del punto de vista del observador. La solución
de Bacardi México también la empleó Mies en otro proyecto que no se
llegó a construir, el Edificio de Administración Friedrich Krupp, en Essen,
1960-1963. La solución de la Caja de Ahorros de Des Moines la aplicó en
otros cinco edificios: El Consulado de los Estados Unidos en Sao Paulo,
1957-1962, proyecto que no se llegó a construir; el Meredith Memorial Hall,
Drake University, Des Moines, 1962-1965; el edificio de Administración y
Servicios Sociales de la Universidad de Chicago, 1962-1965; el Centro de
Ciencias de la Duquesne University, Pittsburgh, 1962-1968; y por último, la
Biblioteca Martin Luther King, en Washington, 1965-1972.

LAS ESTRUCTURAS ILUSORIAS DE MIES

[1]. Ver: Ignasi Solá Morales, Cristian Cirici y Fernando Ramos, *Mies van
der Rohe. Barcelona Pavilion* (Barcelona: Gustavo Gili, 2002), pg. 6; Alejandro de la Sota Martínez, *"1929/1986. Reconstrucción del Pabellón Alemán de
Barcelona", Revista Arquitectura COAM, nº 261* (Madrid, 1986): pg. 5; y Peter
Carter, *Mies Van der Rohe trabajando* (Londres: Phaidon Press, 1974), pg. 23.

[2]. Datos más relevantes: El módulo del edificio es 1,10x1,10 metros aproximadamente; El módulo de la estructura de la sala principal es 7,70 x 6,96
metros; Los voladizos en la dirección de los pórticos miden 3,30 metros,
y 2,20 metros en la dirección perpendicular. La cubierta mayor mide 14,30
x 25,30 metros, y la cubierta menor 10,30 x 10,30 metros. La altura libre
es 3,10 metros, y dependía de las dimensiones del bloque de ónice que
preside la sala principal del pabellón (2,35 x 1,55 metros). La anchura del
podio en su parte central es 18,70 metros. En cuanto a los materiales, hay
mármol travertino romano en el podio, en el núcleo de servicio, en el muro
que une el núcleo de servicio con la sala principal y en el muro que bordea
el estanque mayor. El muro exento que da acceso a la sala principal es de
mármol verde de Tinos. El muro que bordea el estanque interior es de mármol verde alpino del valle de Aosta. Y el muro exento que protagoniza el
interior de la sala principal es de ónice dorado del Atlas. Las carpinterías
son de acero cromado. Los cristales son de distintas tonalidades, desde
el cristal transparente hasta el verde botella, pasando por el gris y el de
color blanco. Y como remate, la alfombra negra, en el suelo de la gran

sala, junto a una cortina roja de terciopelo. Y junto al estanque interior, la estatua de bronce de Kolbe.

[3]. El término es de Alberto Campo Baeza

[4]. Ya hemos visto en un capítulo anterior las técnicas que usaron los arquitectos de la Alhambra para desvanecer la solidez de sus estructuras. Y cómo relegaban la expresión de la función sustentante de sus estructuras a un segundo plano.

[5]. Kenneth Frampton defiende lo atectónico de la columna del Pabellón de Barcelona. Una columna sin basa ni capitel. Una abstracción de la idea de soporte que no expresa la acción de soportar. Kenneth Frampton, *Estudios sobre cultura tectónica* (Madrid: Akal, 1999), pg. 172.

[6]. En el Museo para una pequeña ciudad, que Mies diseña en 1942, asoman sobre la cubierta dos grandes vigas trianguladas que salvan las grandes luces del auditorio. En el interior del auditorio, sin embargo, el techo permanece perfectamente horizontal, sin ningún descuelgue. Masami Takayama nos cuenta que este sistema estructural será un paso previo a la idea de espacio universal sin columnas que Mies propondrá más adelante. Masami Takayama, *Mies´Testing ground for ideas*. Fuente: Werner Blaser, *Mies Van der Rohe. IIT Campus* (Berlín: Birkhäuser, 2002), pg. 15.

[7]. En 1964, Peter Roesch, antiguo alumno de Mies, construyó la sede para un banco en Villa Park, Illinois, basándose en el proyecto del restaurante Cantor Drive-in.

[8]. Por ejemplo, Franz Schulze, *Mies van der Rohe. A critical biography* (The University of Chicago Press, 1985), pp. 3-19.; Peter Carter, *Mies Van der Rohe trabajando* (Londres: Phaidon Press, 1974), pg. 10. Peter Blake, *The master builders. Mies van der Rohe and the mastery of structure* (New York: W.W. Norton & Company, 1996), pg. 256.

[9]. Aunque no sea una transparencia completa, pues parte del cerramiento es de vidrio translúcido

[10]. Recordemos que el suelo de esta sala está 1,80 metros por encima del nivel del terreno natural buscando, entre otras cosas, más luz.

[11]. Mies, hablando de sus proyectos para el campus del Instituto Tecnológico de Illinois, reconocía su especial predilección por este edificio: *"Considero que la Facultad de Arquitectura es el más completo y refinado de todos los edificios del Campus, y también el más sencillo. En los otros edificios se aprecia un orden más práctico, más económico, mientras que en la Facultad de Arquitectura el orden es más espiritual."* Peter Carter, *Mies Van der Rohe trabajando* (Londres: Phaidon Press, 1974), pg. 10.

[12]. Ver; Franz Schulze, *The Mies van der Rohe Archive, Vol 15* (New York: MoMA, 1992), pp. 2-54. Fernando Casqueiro Barreiro, *Tesis Doctoral; La lógica del gran espacio. Las salas y pabellones americanos de Ludwig Mies van der Rohe* (Universidad Politécnica de Madrid, 2001). En esta tesis doctoral se analizan en profundidad las distintas versiones que Mies desarrolló para la casa 50´x50´, y cómo este modesto pabellón residencial es un antecedente del proyecto para la Galería Nacional de Berlín.

[13]. Ya en el Pabellón de Bruselas de 1934, Mies estudió un tipo de apoyo que minimizaba el punto de contacto entre viga y columna. Y aquí lo lleva definitivamente a la práctica.

[14]. Eugéne Viollet Le Duc, *Conversaciones sobre la Arquitectura. Volumen I* (Madrid: Consejo General de la Arquitectura Técnica de España, 2007), pg. 52.

ADENDAS Y CONCLUSIÓN

LA COLUMNA ADECUADA

[1]. Leon Battista Alberti. *De Re Aedificatoria, Libro VII, Capítulo 15* (Madrid: Akal, 2007; Presentado al papa Nicolás V el año de 1452 y editado por primera vez en Roma, en 1485), pg. 318

[2]. Vitruvio. *Los diez libros de Arquitectura, Libro IV, Capítulos I-III* (Barcelona: Editorial Iberia, 2007; 1ª ed. s. I a.C.), pp. 85-96

[3]. Eugéne Viollet le Duc. *Conversaciones sobre la Arquitectura, Volumen I, Segunda conversación* (Madrid: Consejo General de la Arquitectura Técnica de España, 2007; 1ª ed. París, 1863), pp. 33-66.

[4]. Encontramos antecedentes de columnas de sección creciente en proyectos anteriores de Mies, como el Convention Hall de Chicago o el Museo Schaefer. También los Promontory Apartments son un buen antecedente, aunque en este caso el aumento de sección se hace de manera escalonada, no continua.

[5]. Vitruvio. *Los diez libros de Arquitectura* (Barcelona: Editorial Iberia, 2007; 1ª ed. s. I a.C.), pg. 110

LAS CIEN COLUMNAS DE MIES

[1]. También se habla en la Eneida de un augusto y espacioso edificio sustentado por cien columnas, mansión real del Laurentino Pico. Está situado en Lavinium, la ciudad del rey Latino. Publio Virgilio. *Eneida. Capítulo VII*. (Barcelona: Espasa libros, 2018; 1ª ed. año 18 a.C.), pg. 219

CONCLUSIÓN. EL ARTE DE LA ESTRUCTURA

[1]. Arthur Schopenhauer. *Lecciones sobre metafísica de lo bello: Sobre la Arquitectura y el arte de canalizar las aguas* (Valencia: Colección Estética y Crítica, Universidad de Valencia, 2004), pg. 187.

[2]. Hans Sedlmayr. *La revolución del arte moderno*. (Barcelona: Acantilado, 2008; 1ª ed., Hamburgo, 1955), pg. 30

[3]. G.K. Chesterton. *The Everlasting Man*. (Nueva York: Hendrickson Publishers, 2007. 1ª ed. 1925), pp. 31-32

CRÉDITOS DE LAS IMÁGENES

FIGURAS 1-2-3-4-5-6-7-8-9-10-11-12-13-14-15-17-18-20-22-23-24-25-26-27-31-33-
34-36-39-40-41-42-43-44-45-47-51-52-53-54-56-58-60-61-62-65-66-
67-68-70-71-72-73-74-76-77-78-79-82-83-84-85-86-87-88-89-90-91-
92-93-94-96-97-99-100-101-102-104-105-106-107-108-109-110-111-
112-114-115-116-117-119-120-123-124-125-126-127-128-129-130-
131-132-133-134-135-136-137-138-139-140-141-142-143-144-145-146-
147-148-149-150-151-152-153-154-155-156-157-158-161-162-164-165-
166-167-168-170-171-172-173-174-175-176-177-178-179-180-181-182.
Dibujos y fotografías del autor

FIGURA 16.   Dibujo de Auguste Choisy. *Historia de la Arquitectura* (Buenos Aires: Editorial Victor Leru, 1974) pg. 83

FIGURA 19.   Dibujo del autor interpretando un dibujo de Santiago Huerta. *Arcos, bóvedas y cúpulas*. (Madrid: Instituto Juan de Herrera, ETSAM, 2004)

FIGURA 21.   Dibujo del autor interpretando un dibujo de Santiago Huerta. *Arcos, bóvedas y cúpulas*. (Madrid: Instituto Juan de Herrera, ETSAM, 2004)

FIGURA 28.   Dibujo del autor interpretando un dibujo de Mark Wilson Jones. *Principles of Roman Architecture* (New Haven: Yale University Press, 2000) pg. 194

FIGURA 29.   Viollet le Duc. *Dictionaire raisonné de l'architecture française du XIe au XVIe siècle* (Paris: Librairies imprimeries réunies, 1850-1870)

FIGURA 30.   Dibujo del autor interpretando un dibujo de Lynne C. Lancaster. *Concrete Vaulted Construction in Imperial Rome. Innovations in context* (New York: Cambridge University Press, 2005) pg. 62

FIGURA 32.   Dibujo del autor interpretando un dibujo de Rabun Taylor. *Los constructores romanos. Un estudio sobre el proceso arquitectónico* (Madrid: Akal, 2006) pg. 215.

FIGURA 35.   Dibujo del autor interpretando un dibujo de Rabun Taylor. *Los constructores romanos. Un estudio sobre el proceso arquitectónico* (Madrid: Akal, 2006) pg.152.

FIGURA 37.   Dibujo del autor sobre base planimétrica de Rabun Taylor. *Los constructores romanos. Un estudio sobre el proceso arquitectónico* (Madrid: Akal, 2006) pg. 165

FIGURA 38.   Dibujo del autor sobre base planimétrica de Pierre Gross. *L´Architettura Romana. Dagli Inizi del III Secolo A.C. alla fine dell´Alto Impero. I Monumenti Publicci* (Milano: Longanesi & C, 2001) pg. 368

FIGURA 46.   Dibujo del autor sobre planimetría del Patronato Alhambra

FIGURA 49.   Dibujo del autor sobre planimetría de M. W. Jones, *Principles of Roman Architecture* (New Haven: Yale University Press) pg. 178; Norberg Schulz, *Arquitectura occidental* (Barcelona: Gustavo Gili, 2001) pg. 70; y F.D.K. Ching, *Una Historial Universal de la Arquitectura. Volumen 2* (Barcelona: Gustavo Gili, 2011) pg. 142

FIGURA 50.   Dibujo del autor sobre planimetría de Francis D.K. Ching, *Una Historial Universal de la Arquitectura. Volumen 2* (Barcelona: Gustavo Gili, 2011) pp. 30, 118, 142

FIGura 55.   Dibujo del autor sobre planimetría de María Elena Díez Jorge. *La Alhambra y el Generalife* (Universidad de Granada, 2006) pg. 140

Figura 57.   Dibujo del autor sobre planimetría del Patronato de la Alhambra

Figura 59.   Antón Capitel. *La arquitectura del patio* (Barcelona: Gustavo Gili, 2005) pg. 38

Figura 63.   Fuente: Wikipedia. (https://es.wikipedia.org/wiki/Ilusi%- C3%B3n_de_Ebbinghaus)

Figura 64.   Fuente: Patronato de la Alhambra

Figura 69.   Dibujo del autor sobre infografía antigua. Fuente: Bill Addis. *3000 years of design engineering and construction* (London: Phaidon press, 2007)

Figura 75.   Arkitekturmuseet. Fuente: Elias Cornell. *"El cielo como una bóveda". Asplund* (Barcelona: Gustavo Gili, 1997) pg. 24

Figuras 80 y 81. Philip C. Johnson, *Mies van der Rohe* (Nueva York: The Museum of Modern Art, 1947), pg. 38-39.

FIGURA 95.   *Revista 2G*, número 48/49 (Barcelona: Gustavo Gili, agosto 2009), pg. 258

FIGURA 98.   Dibujo y cálculo de Pilar Sañudo Tinoco

FIGURA 103. Fotografía de Hedrich-Blessing. Fuente: Philip Johnson. *Mies van der Rohe* (Nueva York: The Museum of Modern Art, 1947), pg. 178

FIGURA 113. Dibujo del autor sobre la planimetría de Werner Blaser. *Mies Van der Rohe. IIT Campus* (Berlín: Birkhäuser, 2002), pg. 69.

FIGURA 118. Dibujo del autor sobre planimetría de Santiago Huerta. *Arcos, bóvedas y cúpulas. Geometría y equilibrio en el cálculo tradicional de estructuras de fábrica* (Madrid: Instituto Juan de Herrera, ETSAM, 2004), pg. 59; y de Werner Blaser. *Mies van der Rohe* (Bolonia: Zanichelli, 1977), pg. 120.

FIGURA 121. Dibujo de Mies van der Rohe. Fuente: David Spaeth. *Mies van der Rohe* (Nueva York: Rizzoli International Publications, 1985), pg. 56.

FIGURA 122. Dibujo de Mies van der Rohe. Fuente: MoMA. https://www.moma.org/collection/works/87527

FIGURA 159. Peter Carter, Mies van der Rohe trabajando (Londres: Phaidon Press, 1974) pg. 140

FIGURA 160. Biblioteca FAU-USP. Fuente: *Revista 2G, n°54* (Barcelona: Gustavo Gili, 2010) pg.7

FIGURA 163. Diego Freiria, arquitecto: dfarq.blogspot.com

FIGURA 169. Rudolf Wittkower. Los fundamentos de la arquitectura en la edad del humanismo (Madrid: Alianza Editorial, 1995; Primera edición, Londres, 1949) Pg. 58

FIGURA 183. Franz Schulze. *Mies van der Rohe. A critical biography.* (The University of Chicago Press, 1985) pg. 292

CITAS SOBRE LA ESTRUCTURA

Ars ubi materia vincitur ipsa sua.
Artificio donde la materia se vence a sí misma.

   (Inscripción en el dintel del templo romano de Alcántara)

Entre los seres organizados el hombre es bello por excelencia, puesto que su estructura está íntimamente ligada a sus necesidades, a sus funciones y a su motor intelectual. Por tanto, si queremos que un monumento sea bello, es preciso que su estructura siga rigurosamente este principio.

(Viollet le Duc)

Imponedme una estructura y encontraré con toda naturalidad las formas que deben deducirse de ella. Pero si cambiáis la estructura, yo tendré que cambiar las formas.

(Viollet le Duc)

Ut pondera libra, sic aedificia architectura.
Del mismo modo que se pesa en la balanza, así se construye la arquitectura

   (Lema del frontispicio del Tratado de puentes de Gautier)

La estructura es comparable en todos los hombres y eso da resultados totalmente distintos en el acabado. ¿Por qué? Se trata una vez más, simplemente, de una variación sobre un tema conocido.

(Jean Prouvé)

El tema propiamente estético de la bella arquitectura es la lucha entre el peso y la rigidez. De hecho, éste es el único tema estético que la caracteriza exclusivamente, puesto que, en cualquiera de sus manifestaciones, su misión es precisamente poner de manifiesto con toda claridad y de múltiples maneras la lucha mencionada.

(Arthur Schopenhauer)

Una idea de organización espacial claramente definida requiere una solución estructural apropiada.

(Rob Krier)

La estructura debe ser comprensible y rotunda.

(Cecil Balmond)

El modo en que se unen los nudillos y las articulaciones hacen interesante y hermosa cada mano. En un edificio, estos detalles no deberían forrarse ni ocultarse.

(Louis Kahn)

La superación del fundamento, del vínculo con la tierra, va mucho más allá y exige la superación de la gravedad en sí, los cuerpos suspendidos, la arquitectura físicamente dinámica.

(El Lissitzky)

La gravedad se convierte en la fuerza de cohesión de los elementos de la Arquitectura, haciendo de ésta un hecho unitario.

(Francisco Alonso)

En las obras de arquitectura se ha de visualizar el orgullo, la victoria sobre la gravedad.

(Nietzsche)

Puesto que para la elección de los detalles hay siempre muchas posibilidades igualmente satisfactorias desde el punto de vista estático, volvemos a mi vieja afirmación de que el diseño estructural tiene mucho más de arte que de ciencia.

(Félix Candela)

La construcción más estable es la que no existe o la que ya se ha derrumbado. Toda la arquitectura trata de hacer temporalmente estable lo que en principio es inestable.

(Frei Otto)

La arquitectura es el arte de hacer cantar al punto de apoyo.

(Auguste Perret)

La estructura desnuda obliga a la verdad. El esqueleto, allí donde se encuentra aún sin revestir, muestra de manera más clara y majestuosa la audacia de las estructuras de acero y hormigón armado que la obra terminada.

(Erich Mendelsohn)

Una obra sana necesita, al igual que el organismo humano, de un esqueleto sano, y aquello que representa el esqueleto para el cuerpo humano lo representa la tectónica de la construcción para la obra.

(Walter Gropius)

La belleza de las construcciones de hierro ha de estar basada sobre todo en los procesos estáticos internos del sistema de vigas. Configurar estéticamente este sistema de vigas, hacer que pueda ser comprensible y que pueda ser disfrutado por el intelecto, por el alma y por el ojo: en esto consiste la tarea artística.

(Louis Kahn)

El gran acontecimiento de la arquitectura..., cuando se fueron los muros y vinieron las columnas.

(Louis Kahn)

La estructura que ha sido ocultada, retorcida, o corrompida como idea, raramente produce una buena arquitectura.

(Pietro Belluschi)

Creo que la honestidad estructural es una de esas leyendas de las que deberíamos librarnos. De hecho, las columnas de mármol de los griegos imitaban la madera, y sus templos ocultaban sus tejados de madera interiores. Los góticos colocaban techos de madera sobre sus delicadas bóvedas. Y Miguel Ángel, uno de los grandes arquitectos de la historia, empleaba columnas manieristas.

(Philip Johnson)

Para nosotros claridad significa la expresión del propósito de un edificio y la sincera expresión de su estructura.

(Marcel Breuer)

Expresar la estructura no es un fin en sí mismo. Lo importante es que la estructura pueda contribuir a la idea total de la arquitectura.

(Eero Saarinen)

Sólo a través de la estructura podemos crear una nueva arquitectura. En la naturaleza, forma y estructura son una, y así tendría que ser también en arquitectura. La forma es la estructura, y por tanto, la estructura es la arquitectura.

(Craig Ellwood)

Son la Gravedad, que construye el Espacio, que hace relación al Espacio, y la Luz, que construye el Tiempo, que da razón del Tiempo, cuestiones centrales de la Arquitectura. El futuro de la Arquitectura dependerá de una posible nueva comprensión de esos dos fenómenos. O mejor que nueva, de un más claro y más profundo entendimiento.

(Alberto Campo Baeza)

Un peso no tiende necesariamente hacia lo bajo, sino que tiende hacia el lugar que le es propio. El fuego sube, la piedra cae; uno y otra son arrastrados por su peso, y buscan el lugar que les es propio. El aceite vertido sobre el agua flota sobre ella; el agua vertida en el aceite desciende por debajo de él; ambos obedecen a su peso específico hasta alcanzar el lugar que les es propio. Lo que no se halla en su lugar, se agita hasta que, después de haberlo encontrado, se queda en reposo.

(San Agustín)

La belleza resulta de la forma bella y de la correspondencia del todo con las partes, de las partes entre sí, y de nuevo de éstas con el todo; las estructuras deben parecer, por tanto, un cuerpo entero y completo en cuyo interior cada miembro concuerda con el otro, siendo todos ellos necesarios para el buen funcionamiento del edificio.

(Palladio)

Se busca en todos los edificios solidez, utilidad y belleza. La primera depende de la firmeza de los cimientos, asentados sobre terreno firme, sin escatimar gastos y sin regatear avaramente los mejores materiales que se puedan elegir.

(Vitruvio)

Los seres de todos los reinos naturales, por estar sujetos a las leyes de las fuerzas externas, la gravedad, el viento, etc., satisfacen el principio de estructura, sin el cual no sería posible su estabilidad y su resistencia. El principio de estructura es la propiedad universal que tienen los seres de estar formados por materia activa (sustentante), y materia pasiva (sustentada).

(Félix Cardellach)

La labor de la estructura, en definitiva, es ir a buscar en el terreno la firmeza, obligándole a reaccionar de forma que equilibre el conjunto de pesos y empujes que obren sobre aquélla. En cuanto a la resistencia, el problema consiste en transmitir las fuerzas actuantes, hasta equilibrarlas con las reacciones de la sustentación, a través de los esfuerzos internos que se produzcan en los diferentes elementos de la estructura.

(Eduardo Torroja)

Una estructura puede definirse como cualquier disposición de materiales realizada para soportar cargas.

(J. E. Gordon)

La función de la Estructura es conservar la Forma.

(Eduardo Torroja)

La estructura, a lo largo de la Historia, ha generado la Forma arquitectónica. Casi siempre la forma de la arquitectura ha ido, lógicamente, ligada a la estructura portante... la Estructura, más que sólo transmitir las cargas del edificio a la tierra, lo que verdaderamente transmite es el orden del espacio, establece el orden del espacio, construye el espacio. La estructura no sólo soporta, no sólo aguanta, sino que resuena, suena como un instrumento musical cuando es acordado por el aire.

(Alberto Campo Baeza)

La tectónica es para la apariencia de la arquitectura, lo que el esqueleto para el cuerpo humano.

(Walter Gropius)

El método para levantar una obra se reduce a una sola cosa, cual es el llevar a cabo, a partir de elementos reunidos conforme a un orden y dispuestos de una forma artística, una construcción firme hecha con ellos.

(Alberti)

Si existe un universal en la arquitectura, tiene que encontrarse necesariamente en la belleza de su calavera, en ese límite en el cual, un centímetro más o una piedra menos, provocaría su derrumbe o se desharía por completo.

(Alberto Morell Sixto)

El conseguir evidenciar para el hombre facetas todavía desconocidas de la Belleza, a través del dominio de la Gravedad y de la Luz, será cuestión central para el futuro de la Arquitectura.

(Alberto Campo Baeza)

La columna es la forma más simple que se encuentra lisa y llanamente determinada por el fin de sustentar.

(Schopenhauer)

La columna debe ser totalmente perpendicular, porque, estando destinada a soportar todo el peso, es su perfecto aplomo lo que le da su máxima fuerza.

La columna debe estar exenta, para expresar más naturalmente su origen y su fin. La columna debe ser redonda, porque la naturaleza no hace nada cuadrado. La columna debe disminuir de abajo hacia arriba para imitar a la naturaleza, que da esta disminución a todas las plantas. La columna debe apoyarse directamente sobre el pavimento, del mismo modo que los pilares de la cabaña rústica se apoyan directamente sobre el terreno.

(Laugier)

La columna no tiene otra determinación que la de sustentación, y es explícitamente apartada de la pared y colocada libremente. Lo que ante todo importa con este único fin de la sustentación es el hecho de que la columna, en relación con la carga que sobre ella descansa, produzca la impresión de conformidad a fin y no sea por tanto ni demasiado fuerte ni demasiado débil, ni aparezca comprimida ni ascienda tan alto ni tan ligeramente como si sólo jugara con su carga. Pero así como la columna se diferencia del muro y la pared, que constituyen un recinto, por otra parte también lo hace de meros postes. Pues el poste está plantado inmediatamente en tierra y termina de modo igualmente inmediato allí donde se coloca una carga sobre él. Pero comenzar y terminar son determinaciones que implica el concepto mismo de la columna sustentante y que por consiguiente deben también aparecer en ella misma como momentos suyos propios. La basa y el capitel.
La basa, por una parte, quiere decir, aquí comienza la columna. Y con el capitel quiere decir, aquí termina la columna. Esta reflexión de un arranque y un remate hechos con intención constituye la razón más profunda propiamente dicha de la basa y el capitel. La columna es redonda, circular, pues debe estar ahí libremente para sí concluida. La línea más simple, firmemente concluida, intelectivamente determinada, más regular, es la circunferencia. Por eso evidencia ya la columna en su figura que no está determinada para formar, densamente alineada, una superficie plana, sino que sólo tiene el fin de sustentar en sí misma limitada. Más aún, conforme va ascendiendo, a partir de la tercera parte el fuste habitualmente disminuye en perímetro y grosor, pues las partes inferiores tienen que sustentar a la superior, y también esta relación mecánica de la columna en sí misma debe resaltar y hacerse notar."

(Hegel)

Como aquél que construye o crea se las ha de ver con el resto del mundo y el movimiento de la naturaleza, que perpetuamente tienden a disolver, corromper o echar por tierra lo que hace, debe admitir un principio que trata de comunicar a sus obras, y que expresa la resistencia que quiere que opongan a ese destino que las fuerza a perecer. Y así busca solidez, o duración.

(Paul Valery)

BIBLIOGRAFÍA

ADAM, Jean-Pierre. *La Construcción Romana. Materiales y Técnicas*. León: Editorial de los Oficios, 2ª Edición, 2002; 1ª ed. París, 1989)

ADDIS, Bill. *3000 years of design engineering and construction*. (Londres: Phaidon Press, 2007)

ALBERTI, Leon Battista. *De Re Aedificatoria*. (Madrid: Editorial Akal, 2007; 1ª ed. Roma, 1485)

APARICIO GUISADO, Jesús. *El muro*. (Buenos Aires: Librería Técnica CP67, Universidad de Palermo, 2000)

ARNHEIM, Rudolf. *La forma visual de la arquitectura*. (Barcelona: Ed. Gustavo Gili, 2001)

BAIXAS, Juan Ignacio. *Forma resistente*. (Santiago de Chile: Ediciones Arq, Pontificia Universidad de Chile, 2003)

BARRUCAND, Marianne y BEDNORZ, Achim. *Arquitectura islámica en Andalucía*. (Colonia: Editorial Taschen, 1992)

BEEBY, Thomas H. *"Case Study of The Commons Building". Perspecta, nº 31*. (Cambridge: The Yale Architectural Journal, 2000)

BENAVENT, Amadeo. *Apuntes de Estructuras de 5º curso*. (Granada: Escuela Técnica Superior de Arquitectura, 2000)

BERMEJO POLO, Juan. *Formulario práctico de la construcción*. (Madrid: CIE Inversiones editoriales Dossat, 2006)

BERMÚDEZ LÓPEZ, Jesús. *"La Alhambra". El Islam, Arte y Arquitectura*. (Italia: Editorial Könemann, 2001) pg. 278-298

BLAKE, Peter. *Mies van der Rohe and the mastery of structure. (Nueva York:* W.W.Norton & Company, Inc., 1996; 1ª ed. 1976)

BLASER, Werner. *Mies van der Rohe. (Bolonia:* Zanichelli, Serie di Architettura, 1977)

—, *Mies Van der Rohe. Lake Shore Drive Apartments* (Berlín: Birkhäuser, 1999)

—, *Mies Van der Rohe. Crown Hall* (Berlín: Birkhäuser, 2001)

—, *Mies Van der Rohe. IIT Campus* (Berlín: Birkhäuser, 2002)

—, *Mies Van der Rohe. Federal Center Chicago* (Berlín: Birkhäuser, 2004)

BLUNDELL JONES, Peter. *Gunnar Asplund*. (Londres: Phaidon Press Limited, 2006)

BLUNT, Anthony. *Borromini*.(Madrid: Alianza Editorial, Tercera edición, 2005)

BORSI, Franco. *Bernini*.(Madrid: Editorial Akal, 1998; Traducción de Juan Calatrava Escobar)

CALATRAVA ESCOBAR, Juan. *"La Alhambra como mito arquitectónico". Alhambra: lugar de la memoria y el diálogo*. (Granada: Ed. Comares, 2008)

CALAVERA RUIZ, José. *La estructura*. (Madrid: Colegio Oficial de Arquitectos, 1984)

CAMPO BAEZA, Alberto. *La idea construida*. (Buenos Aires: Librería Técnica CP67, Universidad de Palermo, 2000; 1ª ed. Madrid, 1996)

—, *La estructura de la estructura*. (Madrid-Buenos Aires: Nobuko, 2010)

—, *Poetica Architectonica*. (Madrid: Mairea Libros, ETSAM, 2015)

—, *Varia Architectonica*. (Madrid: Mairea Libros, ETSAM, 2016)

CANDELA, Félix. *En defensa del formalismo y otros escritos*. (Madrid: Ediciones Xarait, 1985)

CAPITEL, Antón. *Las columnas de Mies*. (Cádiz: Colegio Oficial de Arquitectos, 2004)

—, *Las formas ilusorias en la arquitectura moderna*. (Madrid: Tanais Ediciones, 2005)

—, *La arquitectura del patio*. (Barcelona: Gustavo Gili, 2005)

CARDELLACH, Félix. *Filosofía de las estructuras*. (Barcelona: Editores Técnicos Asociados, 1970; 1ª ed. 1910)

CARTER, Peter. *Mies van der Rohe trabajando*. (Londres: Phaidon Press Limited, 2006)

CASQUEIRO BARREIRO, Fernando. *Tesis Doctoral; La lógica del gran espacio. Las salas y pabellones americanos de Ludwig Mies van der Rohe* (Madrid: UPM-ETSAM, 2001)

CASSINELLO, Fernando. *El arquitecto y la estructura*. (Madrid: Monografías del Instituto Eduardo Torroja, 1970)

CASTEX, Jean. *Renacimiento, Barroco y Clasicismo*. (Madrid: Editorial Akal, 1994; Traducción: Juan Calatrava)

CERVERA, Jaime. *Forma y esfuerzos estructurales*. (Madrid: Cuadernos del Instituto Juan de Herrera, ETSAM, 2002)

CHARLESON, Andrew. *La estructura como arquitectura*. (Barcelona: Editorial Reverté, 2007)

CHESTERTON, G.K. *The Everlasting Man*. (Nueva York: Hendrickson Publishers, 2007. 1ª ed. 1925)

CHING, JARZOMBEK y PRAKASH. *Una Historial Universal de la Arquitectura. Volúmenes 1 y 2*. (Barcelona: Editorial Gustavo Gili, 2011)

CHOISY, Auguste. *Historia de la Arquitectura*. (Buenos Aires: Editorial Victor Leru, 1974; 1ª ed. París, 1899)

COHEN, Jean Louis. *Mies van der Rohe*. (Madrid: Akal Arquitectura, 1998; Traducción. Juan Calatrava Escobar)

CORNELL, Elias. *"El cielo como una bóveda". Asplund*. (Barcelona: Gustavo Gili, 1997)

COROMINES, Joan. *Breve Diccionario Etimológico de la Lengua Castellana* (Madrid: Editorial Gredos, 2012)

DÍEZ JORGE, Mª Elena. *La Alhambra y el Generalife. Guía histórico-artística.* (Universidad de Granada, 2006)

DOIMO, Martino. *Arte muraria spazio tettonica. Mies, Bacardi Building Cuba* (Treviso: Edizioni Canova, 2009)

DREXLER, Arthur. *Ludwig Mies van der Rohe.*(Nueva York: George Braziller, Inc, 1960)

ESCRIG, Félix. *La cúpula y la torre*. (Sevilla: Fundación Centro de Fomento de Actividades Arq., 1994)

FERNÁNDEZ CASADO, Carlos. *La arquitectura del ingeniero*. (Madrid: Colegio de Ingenieros de Caminos, Canales y Puertos, 2005)

FLORES SOTO, José Antonio. *Fragmentos de Roma*. (Buenos Aires: Nobuko, 2014)

FONTEIN, Lucie. *"Reading structure through the frame"*. Perspecta, n° 31. (Cambridge: The Yale Architectural Journal, 2000)

FRAMPTON, Kenneth. *Historia crítica de la Arquitectura Moderna*. (Barcelona: Ediciones Gustavo Gili, 1980)

—, *Estudios sobre cultura tectónica*. (Madrid: Ediciones Akal, 1999)

GALLEGO Y BURÍN, Antonio. *La Alhambra*. (Granada: Editorial Comares, 1996; 1ª ed. 1963)

GARCÍA GÓMEZ, Emilio. *Ibn Zamrak, el poeta de la Alhambra*. (Granada: Patronato de la Alhambra, 1975)

GIEDION, Sigfried. *Espacio, Tiempo y Arquitectura*. (Barcelona: Editorial Científico Médica, 3ª ed., 1961)

GOODYEAR, William H. *Greek Refinements: Studies in Temperamental Architecture* (New Haven: Yale University Press, 1912)

GORDON, J. E. *Estructuras o por qué las cosas no se caen*. (Madrid: Calamar Ediciones, 2004)

GRABAR, Oleg. *La Alhambra*. (Madrid: Alianza Editorial, 2006; 1ª ed. 1978)

GROSS, Pierre. *L'Architettura Romana. Dagli Inizi del III Secolo A.C. alla fine dell'Alto Impero. I Monumenti Publicci*. (Milán: Longanesi & C., 2001)

HEGEL. *Lecciones sobre la Estética*. (Madrid: Ediciones Akal, 2007; 1ª ed. 1818)

HELLMANN, Marie Christine. *L'architecture grecque*. (París: Picard, 2002)

HEYMAN, Jaques. *Análisis de estructuras. Un estudio histórico*. (Madrid: Instituto Juan de Herrera, ETSAM, 2004)

—, *El esqueleto de piedra. Mecánica de la arquitectura de fábrica*. (Madrid: Instituto Juan de Herrera, ETSAM, 1999)

HEYNEN, Julian. *Haus Lange und Haus Esters*. (Bonn: Krefelder Kunstmuseen, 2001)

HUERTA, Santiago. *Arcos, bóvedas y cúpulas*. (Madrid: Instituto Juan de Herrera, ETSAM, 2004)

HUYGHE, René. *El Arte y el Hombre. Volúmenes 1, 2 y 3.* (Madrid: Editorial Planeta, 1977)

JOEDICKE, Jürgen. *Weissenhof Siedlung Stuttgart.* (Stuttgart: Karl Krämer Verlag, 1989)

JOHNSON, Philip. *Mies van der Rohe.* (Nueva York: The Museum of Modern Art, 1978; 1ª ed. 1947)

KIRSCH, Karin. *Weissenhofsiedlung. Kleiner Führer.* (Munich: Deutsche Verlags-Anstalt, 2006)

KOSTOF, Spiro. *Historia de la Arquitectura. Volúmenes 1, 2 y 3.* (Madrid: Alianza Editorial, Cuarta Reimpresión, 2007; 1ª ed. 1985)

KROHN, Carsten. *Mies van der Rohe. The built work.* (Berlín: Birkhäuser, 2014)

LAMBERT, Phyllis. *Mies in America.* (Nueva York: Whitney Museum of American Art, 2001)

LANCASTER, Lynne C. *Concrete Vaulted Construction in Imperial Rome. Innovations in context.* (Nueva York: Cambridge University Press, 2005)

LAUGIER, Marc-Antoine. *Ensayo sobre la Arquitectura.* (Madrid: Editorial Akal, 1999; 1ª ed. París, 1753)

LLOBET i RIBIERO, Xavier. *Hilberseimer y Mies.* (Barcelona: Caja de Arquitectos, 2007)

MANTEROLA ARMISÉN, Javier. *Relación entre la Estructura resistente y la Forma. Discurso de ingreso en la Real Academia de Bellas Artes de San Fernando.* (Madrid: Editorial Biblioteca Nueva, 2006)

MANTOVANI, Eduardo. *Mies' two way span. Tesis doctoral.* (Barcelona: UPC, 2015)

MARCO POLO. *Libro de las Maravillas.* (Madrid: Alianza editorial, 2002. 1ª ed. 1298)

MARTÍNEZ FERNÁNDEZ, Carlos Luis. *Tesis Doctoral: Estudio arquitectónico y estructural de la éntasis de los templos griegos* (Madrid: Departamento de Mecánica del Suelo, ETSAM, 1996)

MARÇAIS, George. *"Remarques sur l'esthétique musulmane". Mélanges d'Histoire et d'Archéologie de l'Occident Musulman. Vol 1* (Argel: 1957)

MAS GUINDAL, Antonio. *Mecánica de las estructuras antiguas*. (Madrid: Editorial Munilla Lería, 2011)

MERTINS, Detlef. *Mies* (Londres: Phaidon Press, 2014)

MICHELL, George. *La Arquitectura del Mundo Islámico*. (Madrid: Alianza Editorial, 1985; 1ª ed. Londres, 1978)

MIES VAN DER ROHE, Ludwig. *Escritos, diálogos y discursos. 1922-1969*. (Murcia: Colegio Oficial de Arquitectos Técnicos, 1981)

MORELL SIXTO, Alberto. *Despacio*. (Buenos Aires: Editorial Nobuko, 2011)

MOYA BLANCO, Luis. *"Relación de diversas hipótesis sobre las proporciones del Partenón"*. *Boletín de la RABASF, nº52*. (Madrid: Real Academia de Bellas Artes de San Fernando, 1981)

NEUMEYER, Fritz. *Mies van der Rohe. La palabra sin artificio*. (Madrid: El Croquis Editorial, 1995)

NIETO ALCAIDE, Víctor. *La Luz, símbolo y sistema visual*. (Madrid: Cuadernos de Arte Cátedra, Séptima edición, 2006)

NORBERG-SCHULZ, Christian. *Arquitectura Occidental*. (Barcelona: Editorial Gustavo Gili, 4ª edición, 2001; 1ª ed. 1973)

—, *Los principios de la Arquitectura Moderna*. (Barcelona: Editorial Reverté, 2005)

NUERE MATAUCO, Enrique. *Nuevo Tratado de la carpintería de lo blanco*. (Madrid: Editorial Munilla-Lería, 2001)

PANOFSKY, Erwin. *La arquitectura gótica y la escolástica*. (Madrid: Editorial Siruela, 2007; 1ª ed. 1951)

—, *La perspectiva como forma simbólica*. (Barcelona: Tusquets Editores, 2003; 1ª ed. Leipzig-Berlín, 1927)

PARICIO, Ignacio. *La construcción de la arquitectura*. (Barcelona: ITEC, 1994)

PÉREZ GUTIÉRREZ, Mª Concepción. *Evolución del tipo estructural torre en España. Tesis Doctoral*. (Madrid: UPM, ETSAM, 2009)

PUENTE, Moisés. *Conversaciones con Mies van der Rohe*. (Barcelona: Editorial Gustavo Gili, 2006)

REVISTA 2G. *Mies van der Rohe, Casas. Número 48/49.* (Barcelona: Gustavo Gili, 2009)

REVISTA 2G. *Vilanova Artigas. Número 54.* (Barcelona: Gustavo Gili, 2010)

RILEY, Terence. *Mies in Berlin.* (Nueva York: The Museum of Modern Art, 2002)

ROBERTS, Brian; HARRIS, Mike G; YATES, Tim A. *"The roles of inducer size and distance in the Ebbinghaus illusion (Titchener circles)". Perception n° 34* (7) (Londres: SAGE publishing, julio 2005) pp. 847-856

RODRÍGUEZ FLORES, Arantza. *Estudio estructural de la cúpula del Reichstag en Berlín* (Madrid: Universidad Carlos III, 2013)

ROSENTHAL, Earl E. *El palacio de Carlos V en Granada.* (Madrid: Alianza Editorial, 1988)

ROSENTHAL, Werner H. *La estructura.* (Barcelona: Editorial Blume, 1975; 1ª ed. Londres, 1972)

ROWE, Colin. *Manierismo y Arquitectura Moderna y otros ensayos.* (Barcelona: Ed. Gustavo Gili, 3ª ed., 1999; 1ª ed. 1976)

RUÍZ DE LA PUERTA, Félix y SÁNCHEZ GONZÁLEZ, Juana. *La espiral en la arquitectura. (Madrid:* Mairea Libros, 2008)

RUIZ DE LA PUERTA, Félix. *Arquitecturas de la memoria.* (Madrid: Ediciones Akal, 2009)

SÁEZ PÉREZ, Mª Paz. *Tesis Doctoral. Estudio de Elementos Arquitectónicos y Composición de Materiales del Patio de los Leones* (Departamento de Construcciones Arquitectónicas, Universidad de Granada, 2004)

SAN AGUSTÍN. *Confesiones.* (Barcelona: Editorial Juventud, 4ª ed., 2007: 1ª ed. siglo IV d.C.)

SCHOPENHAUER, Arthur. *Lecciones sobre metafísica de lo bello.* (Universidad de Valencia, 2004; 1ª ed. 1820)

SCHULZE, Franz. *Mies van der Rohe. A critical biography.* (The University of Chicago Press, 1985)

—, *The Mies van der Rohe Archive.* (New York: MoMA, 1992)

SEDLMAYR, Hans. *La revolución del arte moderno.* (Barcelona: Acantilado, 2008; 1ª ed., Hamburgo, 1955)

SIMONNET, Cyrille. *Hormigón, Historia de un material*. (San Sebastián: Editorial Nerea, 2009)

SOLÁ MORALES, I. CIRICI, C. RAMOS, F. *Mies van der Rohe. Barcelona Pavilion*. (Barcelona: Editorial Gustavo Gili, 2002)

SPAETH, David. *Mies van der Rohe*. (Nueva York: Rizzoli International Publications, 1985)

SUMMERSON, John. *El lenguaje clásico de la arquitectura*. (Barcelona: Editorial Gustavo Gili, 2ª edición, 2006; 1ª ed., Londres, 1963)

TAYLOR, Rabun. *Los constructores romanos*. (Madrid: Ediciones Akal, 2006)

TEGETHOFF, Wolf. *Mies van der Rohe. The villas and Country Houses*. (Cambridge: MIT Press, 1985)

TOMAN, Rolf. *El Gótico. Arquitectura, Escultura, Pintura*. (Barcelona: Editorial Könemann, 2004)

TORROJA, Eduardo. *Razón y Ser de los Tipos Estructurales*. (Madrid: Colegio de Ingenieros de Caminos, Canales y Puertos, 2007)

VALERA, Manuel. *Hooke: la ambición de una ciencia sin límites*. (Madrid: Ediciones Nivola, 2004)

VALERY, Paul. *Eupalinos o el arquitecto*. (Madrid: Editorial Machado, 2000; 1ª ed. 1924)

VALLHONRAT, Carles. *"The invisibility of tectonics"*. Perspecta, nº 31. (Cambridge: The Yale Architectural Journal, 2000)

VANDENBERG, Maritz. *Farnsworth House. Architecture in detail*. (Nueva York: Phaidon, 2003)

VIOLLET LE DUC. *Conversaciones sobre la Arquitectura. Volúmenes I y II*. (Madrid: Consejo General de Arq. Técnica, 2007; 1ª Ed., 1863 y 1872)

VIRGILIO, Publio. *Eneida*. (Barcelona: Espasa libros, 2018; 1ª ed. año 18 a.C.)

VITASKOVA, Jitka. *Tugendhat Villa*. (Brno: Foundation Fund of Tugendhat Villa, 2009)

VITRUVIO. *Los diez libros de Arquitectura*. (Barcelona: Editorial Iberia, 10ª edición, 2007; 1ª ed. siglo I a.C.)

VON SIMSON, Otto. *La catedral gótica.* (Madrid: Alianza Editorial, Décima reimpresión, 2007)

VVAA. *Hot rolled carbón steel structural shapes.* (Chicago: United States Steel, 1948)

VVAA. *"Mies van der Rohe: In Perspective". A+U, n° 124.* (Tokyo: A+U Publishing, 1981)

VVAA. *Números gordos en el proyecto de estructuras.*(Madrid: Cinter divulgación técnica, 8ª ed., 2006)

VVAA. *Mies van der Rohe-Barcelona 1929.* (Barcelona: Tenov, 2018)

WARD-PERKINS, John B. *Architettura Romana.* (Milán: Editorial Electa, 2006)

WEISSE, Rolf D. *Mies van der Rohe. Vision und Realität.* (Potsdam: Strauss Verlag, 2001)

WILSON JONES, Mark. *Principles of Roman Architecture.* (New Haven: Yale University Press, 2000)

WISNIK, Guilherme. *"Vilanova Artigas y la dialéctica de los esfuerzos". Revista 2G, n° 54* (Barcelona: Gustavo Gili, 2010) pp. 11-26

WITTKOWER, Rudolf. *Los fundamentos de la arquitectura en la edad del humanismo.* (Madrid: Alianza Editorial, 1995; 1ª ed. Londres, 1949)

WÖLFFLIN, Heinrich. *Renacimiento y Barroco.* (Barcelona: Ed. Paidós, 1986)

ZWEIG, Stefan. *El misterio de la creación artística.* (Madrid: Ediciones Sequitur, 2010; 1ª ed. 1940)

"Habéis dispuesto todas las cosas según la Medida, el Número y el Peso."

(San Agustín, *Confesiones*)

www.ingramcontent.com/pod-product-compliance
Lightning Source LLC
Chambersburg PA
CBHW030852170426
43193CB00009BA/581